KUWEI
酷威文化
图书 影视

空虚时代

［法］吉尔·利波维茨基 著
倪复生 译

L'ÈRE DU VIDE

Essais sur l'individualisme contemporain

北方联合出版传媒（集团）股份有限公司
万卷出版公司

目录

CONTENTS

前言

FOREWORD

《空虚时代》这本书将一些研究成果集中在一起，旨在从不同层面来讨论一个普遍现象：在大消费时代，个人、社会、道德的变迁，以及其中表现出来的新型的社会化、个性化与17、18世纪是截然不同的。本书力求揭示这种历史演变的历程并证实如下的观点：消费品、影视资料、新闻以及相关的享乐主义、包容主义和心理主义等价值观，它们共同构成了一种新式的行为约束机制，一种无与伦比的诱人的生活方式，一种角色、信仰与私生活的系统位移——由此形成了西方个人主义历史的新阶段。我们生活在第二次个人主义革命的年代：私有化在扩大，社会认同受到侵蚀，政治与意识形态受到排斥，个性特征越发多变。总之，只有当上述个人及日常生活层面的革命完成后，我们的时代才能放弃革命末日论。

民主社会处在进化中，社会生活的各个方面，都在按照新的逻辑被不断地重塑着，我们称这个逻辑为“个性化进程”。沿着这个逻辑，我们便更容易去理解民主社会了，本书的分析也是以此为中心而逐步展开的。但个性化进程在重塑社会的时候，不同社会阶层被重构的程度和方式是不一样的。鉴于我们的社会采用的是多

元的、特有的架构标准，因此力图三言两语便将整个社会说清楚的理论必然是有局限性的。本书之所以拥护单一的方案，是因为我们并非依据实时的观察，而是基于历史来绘制曲线，并从中总结出关于制度、生活方式、追求以及个性化的趋势线。从横向对比和纵观历史这两个角度出发，来考察个性化进程，为我们明确了前进的道路、发展的新方向以及社会制约和组织架构的类型，使我们摆脱了一直盛行到 20 世纪 50 年代的“纪律、革命、契约”的模式。个性化进程已经走过民主—纪律、普遍主义—清戒主义、意识形态—强制约束等矛盾并存的现代社会初级阶段，但鲜有人将个性化进程的发展看作是资本主义培育商品的一种战略，因为其中有着人性化的一面。 在兼并另一个完整的体系时，即便原有体系的确非常有利于劳动力再生产以及剩余价值的提高，但要想保留它的部分工具性质的功能也是不切实际的。由此，我们得出另外一种假设：这是正在进行中的社会学上的全面转变，是一种历史的创造。它类似于卡斯托利亚迪斯（Castoriadis）[①]所谓的“假想的中心意义”，即 20 世纪 20 年代出现的一种组织架构与意识、价值观与行为的协同组合。只有艺术界和心理分析界提前几十年预料到了它的出现，而且自第二次世界大战以来，它的影响力与日俱增。

消极地看，个性化进程造成了纪律社会的分解，但积极地看，个性化进程与弹性社会的诉求是一致的，如对信息、性以及物质享受的倡导，对“人的因素”的重视，对本性、真诚和幽默的推崇等。个性化进程是组织与引导社会的一种新方法，也是行为管理的一种新方法，它不再依靠繁文缛节的强制性规定，而是依靠微不足道的

---

① 卡斯托利亚迪斯（1922 — 1997）：法国著名哲学家、社会经济学家和批评家。

束缚以及尽可能多的个人选择——微不足道的清戒要求以及尽可能多的欲望，微不足道的强制规定以及尽可能多的包容等——来实现自己的目的。事实上，由于个性化进程，一些制度反倒变成了一种对动因和欲望的诠释，从而促进了人们对此进程的参与，引导了休闲与享乐，增强了众多社会化“模型”的人性化、多样化及心理化的趋势。因此，在对专制和机械的制度加以矫正之后，便是顺势而为的信息化制度；在命令式的管理之后，便是按需且可选的规划。与新型社会的“目标”及合理性密不可分的一些新进程开始了，如崇尚享乐主义价值观，尊重差异，推崇自由惬意的生活，赞扬幽默、真诚等品质，提倡心理主义与自由表达等。可以说，这是在摒弃了民主专制年代所看重的种种理念之后，对自我管理做出的新诠释。实际上，直至最近，政治、生产、道德、学校、养老等方面的生活逻辑，依旧在于将个体融入到整齐划一的规则中去，在于尽可能地剔除怪诞的爱好及表达方式，在于用普遍的和单一的律法来消除特异性。这依据的是诸如“普遍意志”、社会惯例、道德命令、标准化、规范化以及革命党人要求的顺从与忘我精神等。无论怎样，一切都似乎表明，个人主义价值观只能在组织与意识体系的框架内成形，该框架却是以消除个人主义价值观中的不确定性成分为己任的。严格意义上的关于自由的假想正在成为现实，并逐渐演变成为一些新的价值观，这些新的价值观的目标在于促进个人特异性的发展，让快乐变得合理，它们认可一些特殊的需要，并依据个体的愿望来进行制度上的调整。

当代个人服从集体理性规定的观念已经被打破，个性化进程在大规模培育一种基本的价值观。这是一种自我完善的价值观，一种推崇主体特异性及其宝贵个性的价值观，与此同时，其他有关同一

化和制约性的新机制也在显现。要成为绝对的自我、要尽情享受生活，无疑只是个人主义意识形态的一种极端表现，但也只有在一个已将个人自由确立为基本价值观的社会里才能实现。消费革命导致了生活方式的改变，由此纵容了个体权利与欲望的发展，这种演变蕴含在个人主义价值观的更迭之中。个人主义逻辑的发展呈跃迁前进状，从理论上看，这是因为自由的权利是无限的；从社会来看，因为这种逻辑受到了经济、政治和知识的限制，触动了习俗与日常生活。以现代人的眼光来看，如今没有什么社会现实与文化现实是无意义的，没有什么权利和愿望是不合理的，故而可无拘无束地自由生活，可自始至终地选择自己的生存方式。

个性化进程是一项全面战略，是社会行为和意图的一种演变。我们可以将该进程一分为二加以分析，事实上也只能如此。个性化进程一面是“适当的”或者是可行的，这指的是所有动态的、非标准化的制度以及权力管理机关拟定设计的激励方式。权力机构经常性地引导右派尤其是左派的批判家们，去揭露“极权”但宜人的“富裕社会”的阴暗面以及荒诞的无处不在的干预。个性化进程的另一面是“野蛮的”或者“现行的”，可以说，这是团体与个人追求自立及特异性的结果，诸如女权主义、破陈规以及性解放、地缘及语言层面的少数种群的诉求、心理学技术、自我全面发展和表达的欲望、“反现制”运动等纷纷涌现，随处可见人们对自我的寻求，而普遍主义不再能够起到激励社会与个人的作用。个性化进程两面各有特点，二者通过确认和利用个体的特异性来设法摆脱纪律型社会。

个性化进程出现在纪律社会的内部，这两种相互对立的逻辑的媾和成了现代社会的一大特点。与个性化进程相伴的是纪律进程的

退却，由此在社会生活领域里出现了越来越显著的吞并现象，这便是我们所谓的后现代社会，或者说一个将原本处于劣势的现代趋势加以发扬光大的社会。所谓后现代社会，它是一个历史转向，它借助开放与多元化的举措将现代化模式及其客体加以社会化。进入后现代社会，意味着个性化的个人享乐主义变得合理了，而且不再会遭受任何质疑；进入后现代社会，意味着一个与现代主义相辅相成的革命年代、一个轰轰烈烈的年代、一个希冀遍地的未来主义年代已经完结。后现代社会盛行着标新立异，充斥着懊恼与反省，渴望着个人自立；新奇与传统都受欢迎，创新变得司空见惯，未来也无须更加先进。现代社会崇尚未来、崇尚科技，它凭借着普遍主义、理性与革命曾一度所向披靡，它曾主动抛弃了血统的差异、圣人的统治、传统的习惯和民族的特性。但这样的时代却在我们的注视下烟消云散了，一是因为它有悖于我们社会所确立的未来主义原则，再就是由于后现代社会对于身份、标新立异、保守、休闲以及个人发展的诸多苛求。对于未来的信仰与追求变得软弱无力，革命与进步的灿烂明天不再有人相信，人们追求的是即刻享受生活、保养以求年轻，而不再是磨炼出新。后现代社会疲于面向未来的跨越、认为推陈出新乏味而单调，其赖以为继的中性化的“求变”被视若无物。从这个意义而言，后现代社会也意味着个性化社会的时代要退潮，而预判和构建集体主义的时代越发显得重要起来。当代主要的坐标轴，如革命、纪律、世俗化、前卫等，由于享乐主义个性化的需要而统统被改变了用途；科学技术的乐观主义陨落了，随着无数发明创造而来的是超强势集团、环境的恶化以及精神日渐空虚的个体；没有任何的政治意识形态能让群众激情重燃。后现代社会没有了偶像也没有了禁忌，它对于自身也不抱什么奢望，不再有激动

人心的宏伟蓝图——这便是支配着我们的空虚，一种不悲不喜的空虚。

很明显，个性化进程在不断地开疆辟土，此时宣布消费社会的终结是一个错误。当前的经济衰退、能源危机与生态意识并非在昭告消费时代的末日，我们仍执着于更多的消费、信息、体育、旅游、培训、人际关系、音乐与医护。这便是后现代社会，它并非跨越了消费，而是达到了消费的鼎盛阶段。消费势力扩张到了个人领域，命中注定要被加速淘汰的、漂移的、不稳定的自我，其形象与变迁也受到消费的波及。个性化进程用强势媒体、娱乐和理性技巧来消耗着自身的存在，由此制造出一种光怪陆离的空虚。大量的生活模式让人无所适从，尽管这些模式有着令人赏心悦目的环保与心理主义的外表。确切地说，我们处在冷静而不再狂热的消费社会的第二个阶段——消费导致了对富足的批判。事实上，人们对“美式生活”、招摇的镀铬汽车、明星、梦幻好莱坞的膜拜都破灭了；垮掉的一代的叛逆精神、轰动的先锋艺术都已让位给了一种后现代文化，这种文化有一些特征可供识别，如追求高质量生活，专情于个性化，热衷于环保，对重大意识体系缺乏兴趣，重视参与和表达，流行怀旧，为某些地方和区域的信仰与传统行为辩护等。从前对“数量”的饥渴消失了吗？确实如此，但必须知道的是，这类现象也是对个性化进程的一种反映，如此众多的策略，只为摧毁僵化的现代主义造成的影响，摧毁贪大求全意识、集权制度、顽固的意识形态以及先锋派。不能将“被动的”消费时代与所谓后现代的、创造性的、环保的、复兴的潮流对立起来，因为正是二者齐心协力共同促成了僵化的现代主义的崩溃，二者的主旨均在于扩大个人选择、发扬个性原则、建立变通及多样化的弹性制度。后现代的这种

断续性并未在文化或艺术领域造成这样或那样的特别结果，反倒是确立了个性化进程在历史上的优势地位，并使整个社会的重构得以依据自身的规律来进行。

后现代文化作为一种“上层建筑”，摆脱了规范化的、统制经济结构的社会，但为了实现这种摆脱，势必终将要打破当代的价值观，重视过去和传统，倡导简居生活，瓦解集中制的强势地位，散播真与美的标准，并依据个性化社会的价值观，对个人身份的认同加以合理化。在个性化社会里，最重要的是自我，因此无论个人做什么都可以被采纳，都可以获得社会认可，没有什么是应当的、必须的和一成不变的，各种层面上的各种选择是可以共存的，相互之间既无抵触也无消长。后现代文化是拼凑的和发散的、唯物主义的和唯心主义的、大胆的和谨慎的、革新的和怀旧的、消费的和环保的、精心粉饰的与自然而然的、浑然天成的和创造性的。当然，考虑到事物的发展趋势，无须立即为将来定调，相反还要发展出一些对偶的逻辑，以便让诸多的矛盾可以兼容共现。这样一个巨变，它的作用是毋庸置疑的：后现代文化与其他的个性化举措共同成为扩充个人主义的一个媒介；选择多样化了，参照标识模糊了，现代性独有的理念与高尚的价值观也被消磨了，后现代文化由此调配出了一种个性化的文化或方式，将社会单元从以“纪律和革命”为标记的体系中解放出来。

不过，要说任由意识游移且一切都捉摸不定是不符合实际的。种种迹象表明，在后现代一直都存续着一个基本的价值观，虽然它难以捉摸，也未曾受到讨论，但随着社会管理技术的日臻完善以及“人性化”举措的逐步实施，这个基本的价值观赢得了个人愈发强大的拥护，那就是个人自我完善与个人自由。个性化进程导致了一

个历史发展进程的中断，不过它却以其他途径继续着一项已进行了几个世纪的事业，这便是现代个人民主主义事业。在这里中断，在那里又得到延续，后现代社会这个概念意味着一个时期的结束和一个新时期的开始，其中的联系特别复杂。对此，人们首先要从政治与意识形态的渊源出发来对这其中的联系加以思考。

之所以要仰仗个性化进程这样的图解，不仅因为它具有各种新的温和的控制手段，还因为它对个体本身的“效果”明显。伴随着个性化进程，个人主义经历了一场变革，一些美国社会学家将其称为“自恋型的变革”，因为将个性化进程及其结果加以浓缩后，显示出来就是“自恋”——它象征着从“局部的”个人主义到“全面的”个人主义的跨越，也象征着第二次个人主义革命的到来。这是一种不稳定的、宽容的心理感受，它专注于自我的情感实现，醉心于青春、体育与音乐；它不着眼于生活上的成功，而着眼于内心层面上持续的自我完善。只有这种图解才能更好地标识相应的个性化的出现，才能有力地阐释个性化进程诱变产生的个人主义的强大推力。如今，至关重要的社会现象不再是阶级的对立与从属，而是社会问题的发散，也只有这个图解才能更好地刻画我们的现实境遇。个人主义欲望更多表现在阶级利益上，私有化要比生产关系更具有揭示意义，享乐主义与心理主义要比各式集体行为的涵盖面要广，尽管它们都是新生的事物（如反核运动、区域化运动等）。自恋概念本身的提出也是对如日中天的个人领域的一种附和。

有时，关于某个问题的论述无论多么清晰与宏大，误会仍是不可避免的。自恋并不等于对时政不闻不问，相反，自恋与政治和意识形态上的得失，以及对一些主观问题的过分关注紧密相关。后现代社会是一个“滑行”的时代，风帆冲浪、溜冰、三角翼飞机，

体育界的热闹景象为我们勾勒出这样一个时代，它表现为：人们对“共和”不再有坚定的信念，也不再有稳定的情感支撑点。如今，事关集体生活的重大问题与流行歌曲的命运殊途同归：所有的高亢都弱化了，所有的一切都落进了松懈与冷淡之中。把从前奉为上品的东西加以贬损并使之新奇化，成了自恋的特征，而个人完全脱离社会并封闭在自我的内心世界并不是自恋的特征。自恋只有在历史范畴内才能找到真正的归宿，它几乎是一种具有倾向性的过程，导致个体对公共或者先验领域的情感投入减少，从而相对促进了个人领域的优先发展。当然，自恋也摆脱不了从高高在上到平起平坐再到低人一等这样的历史趋势。“自我”进入了过度膨胀时期，可以肯定的是一切都将有大致相同的结局，只是环境不同而已。从长远来看，这种走向是不可逆转的，因为这也是民主社会百年来的梦想。一边是越来越体察入微、仁慈和隐性的权力，一边则是越来越专注于自身、“虚弱”的个体，或者说是易凋零、没有信心的个体，托克维尔[①]的预言在后现代的自恋中得到了应验。

自恋并不是严格意义上的非政治化，它是一种特别的理性迷恋，大量涌现的、旨在互助与救济的团体和协会证实了这点。个人主义最终的定位不是一种反社会的极端孤立，而是依照超级专业化的、细微化的利益关系将群体进行分拆与归并，如将人们重新归类为丧偶者、男同性恋者的父母、酗酒者、口吃者、女同性恋的母亲、善饥症患者等。需要将自恋重新放回一个完整的网络与循环序列中加以考察，如微型群体的团结性、对义务劳动的参与度和积极性、“情景网络”等，这不但与自恋的命题不矛盾，还能对自恋的倾向

① 托克维尔：法国历史学家、政治家，社会学（政治社会学）的奠基人。

进行确认。自恋现象的特别之处有两点：一是与从前在政治与意识形态上的战斗精神相比，它是一种畏缩；二是它希望团结同样局限于关注眼前事务的人，大家一起蜷缩在自我之中。集体自恋的出现是因为人们的性味相投，还因为人们对于客观世界有着同样直接的感受。自恋，是一种享乐主义的行为，也是一种与“同类”聚集的需要，目的是成为有用的人。无疑，自恋也会索求新的权力，只不过是为了解放自我。通过亲自讨论、接触与“亲身体验”来解决内心的困扰，由此看来，自恋也是交际生活、心理的一种工具。自恋是社会、政治问题和公众事件“心理化”的过程，是客观的、非人格化的活动主观化的过程。家庭及各类组织成了表达手段，成了分析与治疗的方式，人们远离了自怜自艾的审美观，新型自恋成为流行的心理学。

现代时期纠结于生产与革命，而后现代时期则纠结于信息与表达。人可以在工作中通过“接触”、运动和娱乐来进行自我表达，这表明，表达很快不再是唯一的一个被贴上“文化”标签的活动。这并不是一种意识形态上的表达，而是大众的一种渴望，近来大量涌现的自由电台便是例证。打开广播或电视，您立刻就会被一支夹杂着只言片语的乐曲，访谈，真情告白，文化的、区域的、地方的、社区的、学校的“点评”，特定的群体交流等内容所吸引。这是一场史无前例的言论民主化进程，每个人都受到蛊惑去拨打热线，每个人都想依据自身的内心感受来说些什么，每个人都能成为听众和播音员。人们仿佛看到了学校墙壁上的涂鸦，仿佛置身于数不清的艺术团体之中，但也正因如此，表达越多，越是无话可讲，越要倡导主观性，却是越发苍白与空洞。其实，除了谈话者与节目制作者，没有人会对这种密集的表达感兴趣，表达的矛盾就这样被激化

了。无节制的表达和交流的行为，多过了交流的实质。忽视内容，趣味感缺失，既无目的也无听众，讲话者就是受话人，这便是精确意义上的自恋。这类冗长的陈述、访谈、议论、情景，对于任何人而言都是完全无意义的，而且本身也看不出任何生机勃勃的迹象，那么此类现象从何而起呢？这是因为表达的机会与欲望才是重点，而“信息”的实质则是无足轻重的，自恋的乐趣与权利导致人们为了自己而夸夸其谈，并借助媒介进行传播、放大。为了交流而交流，为了表达而表达，除了博取寥寥几声应和外，再无其他目的。因循着空虚的逻辑，自恋在此表现出了它与后现代的空泛化进程之间的默契。

本书集辑的所有文章，除了《现代主义与后现代主义》以及《原始的暴力和现代的暴力》，都曾在期刊中刊载过。

《无休止的诱惑》以及《纯粹的冷漠》曾经分别刊登在 1979 年第 17 期以及 1980 年第 19 期的《枕木》杂志。

《自恋或空虚策略》以及《幽默的社会》曾经分别刊登在 1980 年第 5 期以及 1981 年第 10 期的《争鸣》。《现代主义与后现代主义》的部分摘要被重新整理刊登在 1982 年第 21 期的《争鸣》上，题目是《现代艺术与民主个人主义》。友人马塞尔·戈谢（Marcel Gauchet）为本次出版提供了有关参考文献方面的建议与意见，在此特别致谢。

上述文章，在本次出版中都略做修改和补充。

L'ÈRE DU VIDE

第一章

无休止的诱惑

我们时代特有的一股强大的涌流，它随处可见，表现为：用交流来替代强制，用趣味来替代禁令，用鲜明个性来替代平淡平凡，用责任化来替代物化，只为烘托出一种摆脱律法制约的、使人感到亲切的、诗意的、充满关怀的氛围。那么，怎么称呼这种广泛的变革呢？音乐、全天候新闻、和蔼可亲的组织者、无线急救信号SOS、友爱等的出现莫不源于这种变革，甚至连警察也刻意在人性化自己的身份，如敞开警察局的大门，向公众进行解释陈述。与此同时，军队也积极参与为民服务。既然“中世纪结队抢劫的士兵尚且善良”，军队为何就不能如此呢？人们已将后工业社会定性为一个“服务”的社会，更确切地说，“自助服务”正在彻底粉碎过去纪律性的分区控制制度，但这并不是利用革命力量来进行的，而是诱惑的冲击波所致。诱惑并不局限于人际关系，它成了一个普遍的进程，它致力于规范消费、组织、新闻、教育以及习俗等。当代整个社会的生活都源于一种新战略的要求，这种战略不再推崇生产关系的优势地位，而是要呈现诱惑关系的辉煌。

可定制的诱惑

境遇主义者们借用“表演”这一范畴来概括诱惑的普及化现

象，而表演在一定的范围内确实“占用了现代生产之外的大部分时间”（居伊·德波）。诱惑在挣脱了上层建筑和意识形态的枷锁之后，成了主导性的社会关系，成了富足社会的普遍组织原则。然而，由于演出行为在于将真实转变为虚假的“再现”，在于拓展其异化与剥夺的疆域，因此和消费社会一样，诱惑的这种提升很快便显示出了局限性。演出被认为是“欺骗的新生力量”，是“物质化的意识形态”，是“假装的满足”，尽管/虽然演出不乏激进性，但仍跳不出革命时代的各类范畴（异化及他者、完整的人、“没有奴隶的主人”）。但确切而言，在消费的巨大影响下，这点也正在悄无声息地消失。利用迷人的外表，甚至革命思想，来进行的诱导、蒙骗，历来都被定义为“负”诱惑。借助“革命和纪律”，以诱惑、策划、蒙骗和异化良知作为演出理论的剧本在不停地上演着。

当然，一切都要从消费社会谈起。消费社会凭借丰富的产品、形象和服务，凭借消费所植入的享乐主义，凭借消费所创造出来的亲近、诱惑的欣快氛围，划出诱惑战略的波及范围。然而，消费社会并未颓废到仅展示积累的地步；确切而言，富裕的消费社会意味着丰富的“选择”，意味着一个可供个人徜徉的深度开放和透明的世界。其中的选择越来越多，量身定做的套餐也越来越多，一切任由流通和挑选。这一切只是开始，随着市场与技术的发展，可供公众支配的物质财富与服务会更加丰富，而这种逻辑也会更加势不可当。事实上，美国某些地方的有线电视已经有 80 个频道可供选择，这还不包括“点播节目”，估计从现在起六七年内，要达到 150 个左右的有线频道才能满足观众的需求。当代社会以一种令人眩晕的方式大量制作着新闻。在四处扩张的商业中心和超级市场内，在各类专门的餐馆与商店里，各式产品琳琅满目，由此“自助服务”以

及可定制的生活方式成了现代国家普遍的生活模式。这便是后现代社会，其中统制、专断的社会关系受到了全面的压制，与此同时，在体育、心理技术、时尚休闲、旅游、人际关系以及性关系等方面，个人的选择范围扩大了，选择种类更多了，选择规划更“自主”了。诱惑对于虚假的再现与良知的异化视而不见；诱惑装扮着我们的世界，并依据“个性化进程体系”对之加以重塑，表现为供给丰富且多样化，鼓励多消费。个性化选择甚于趋同，多元化甚于规范，满足欲望甚于清戒。诱惑专注于营造一个选择尺度宽泛的世界，一个流光溢彩的世界，一个处在心理、音乐和新闻的氛围中的世界，其中的每个人都可以对自己生活方式的诸多元素随意加以组合。“独立是个性，独立是依据自己的意愿和节奏旅行，自主安排旅行吧。‘环球漫游’的线路仅是一些建议，您可以随意规划组合。”这则广告道出了这样一个事实，即后现代社会是一个开放的多元社会，它尊重个体的意愿并给其提供自主安排的空间。一种没有了绝对命令的生活，一种可根据个人嗜好灵活调整的生活。无限供给的时代使得比较、选择与独立行事都有了可能，一种弹性生活由此呼之欲出，诱惑的效用可见一斑。个性化进程要减少僵化、强制性的条框，倡导行事温和，要求通盘考虑个人及其福利、自由、自身利益，而这便是诱惑的要义。

个性化进程甚至介入生产秩序的调整中，虽然难以明说，但仍需一说。尽管发生了一些技术革命，但劳动阶层依旧对诱惑逻辑进行了最顽强的抵制。即便如此，劳动关系中的个性化倾向还是表现了出来。大卫·理斯曼在其《孤独的人群》一书中已经表明了这点。他认为真诚、个性化的劳动关系及服务必然要逐步取代纪律的、功能性的、机械性的契约。如今，企业心理治疗师和通信技术员大量

涌现，办公室之间的隔墙被推倒，人们在开放的环境下工作，由此，协商与参与变得更加方便快捷。人们还开展诸如降低劳动强度、丰富工作内容、劳动团队自主等一系列尝试，以便变得人性化或重组体力劳动。随着电子技术的发展和信息手段的广泛使用，未来的劳动情景或许可以是这样：企业分散生产、家庭办公、“住宅电子化”。如今，还出现了弹性作息制度，如非固定或自选的作息时间、间歇工作等。这些举措各有特殊性，但它们都有一个共同的趋势——减少组织的僵化性，用弹性的安排替代呆板的计划模式，弱化强迫、命令，突出沟通、交流等——其中的个性化进程属性可谓一览无余。

个性化进程也波及新的领域，而且得益于微处理机、集成电路等新技术的发展，它还迎来了一轮难以置信的高速扩张。例如，在教育领域内出现了利用微机的自主工作、自选系统、个人应用程序与办公自动化等，不久以后，通过键盘进行对话、机器评估以及个人信息采集等都会成为现实。正在进行的传媒重组走的也是这个路径；除了有线网络与自由电台，还有其他“互动”方式，如铺天盖地的视频、磁带、录影带等，这有助于音像制品的个性化选择。电子游戏以及数以千计的配套设施让游戏的普及和互动具有了可能（有预言称，近期将有四分之一的美国家庭购置电子游戏设备）。在家电、电影和汽车领域的不可思议的个人化时代之后，规模庞大的微机与视频系统的出现预示着新一轮诱惑波的到来，微机与视频系统自身也成了被加速个人化的一块新领地。“我的电脑就是我”，这点没错，电子诱惑不仅表现在各类新技术的神奇功能上，还深度表现在对个人自立的预期上——每个人都可能成为自己时间的自由管理者，而不再仰仗笨重的组织规范。眼下的诱惑便是“私用设备”。

如今，各个领域被形式多样的个性化进程快速地合并在一起。在心理治疗界，出现了一些新技术（和解分析、尖叫疗法、生物能），将被认为过于“理智主义”的心理分析推上了一个新台阶。从急诊、集体“人道主义”治疗，到感觉、情感和肉体欲望的直接释放，无论“软件”还是“原始”发泄在内的所有手段都要借助诱惑。医学也遭遇过类似上述的变迁，如针灸疗法、内窥诊断、天然植物治疗、生物反馈、顺势疗法以及“温情”疗法等都获得了长足发展，疾病的主观原因得到了发掘，主体承担起了对自己健康的“全面主义”责任，关于健康的精神因素摆脱了医学统制论。利用心理自立的潜能，病人就不必被动承受不适，而要为自己的健康、为自己的免疫系统负起责任来。同时，某些体育运动的目的也不再是求快、对抗、竞技，而是通过运动来彰显定制的锻炼、欣快的感受以及对肌体的重视（慢跑、帆板冲浪运动、舒缓体操等）；体育还可以起到心理化肉体、激发完整的自我意识以及宣泄个人对速度的激情之类的作用。

在个性化逻辑中，习俗也同样受到了冲击。如今的社会风尚便是追求标新立异、贪恋别出心裁和自由自在，合乎标准与矫揉造作已不再能够博得赞誉。心理文化以及对顺应自然的崇尚，促使人们要成为“真正的”自我、要去“感受”、要自我剖析、要将自我从原有的定位及“情结”中释放出来。后现代文化是“感觉”文化和个人解放文化，它波及各个年龄段的男女。教育，尽管一度曾是专断的，但如今为了顾及儿童和未成年人的想法，也变得极为放任了，而此时，享乐主义的拥趸们也正在颂扬着休闲无罪，鼓励着自我全面发展以及追求快乐。诱惑是一种体验成效的逻辑，一种无所顾忌的逻辑，因此诱惑推行的是一种灵活的、宽容的社会化，它旨

在对个体加以个性化及心理化。

语言也成为诱惑的传声筒。不再有“聋”“盲”“双腿残缺”等字眼，取而代之的是“失聪”“失明”“生理不健全”。“老年人”成了“第三或第四年龄段”的人，“女佣”成了“家政人员”，“无产者”变成“劳方”，“未婚妈妈”变成“单身母亲”。“懒笨的学生”是“问题儿童”或者“严重的社会现象”，“堕胎”变成“自愿中断妊娠”，甚至接受过精神分析治疗者也变成了“精神分析对象”。个性化进程连“城市心脏”“商业中心”“死亡”等词汇都要加以矫饰美化。可见，为了获得一种清澈、中肯和客观的语言，一切捎带卑劣、丑陋、消极和挑衅色彩的语言都应当加以消除，这是个人主义社会正在经历的发展阶段。在实现开放、温和的组织架构的同时，一种委婉、和缓的语言也逐渐成形，语义上的“提升”与旨在发展、尊重和规划个体差异的个性化进程是相吻合的，因为“我是一个生灵，不会屈服、堕落或破坏”。诱惑在清除了惩戒性的规范的同时，也清除了对残酷的流血世界的全部回忆。在一个仿佛是艺术家让-米歇尔·弗隆作品中的那个反宇宙、变幻无常的超级空间里，一切都应当交流，无须抵制，也无须指摘。

个性化进程不仅需要对语言和公众空间进行适度净化，还离不开一种虚幻如机场小姐柔美声音般的诱惑，人们要用音乐对私生活加以调剂。我们领略到了音乐极为迅猛的发展，如音乐无极限、流行榜等，后现代的诱惑便是“高保真[①]”。自此，音乐频道成了第一需要，运动、闲逛和工作都有音乐伴随，在开车时需要听立体声，

① 高保真：Hi-Fi（High Fidelity），其定义是“与原来的声音高度相似的重放声音”，通常指一个音响系统或设备能完美再现原作声音。——编者注

乐曲与节拍在几十年间成了一个恒定的背景和一种大众的爱好。对于纪律而专断的人而言，音乐应限定在特定场合与时间播放，如音乐会、舞蹈、音乐厅、舞厅、广播等；而后现代的个体则与此相反，他们从早到晚都在听音乐，他们这样做似乎是要有所寄托，似乎要寻找一种令人振奋的氛围，似乎要得到一种刺激、欣快或醉人的非现实感。音乐革命必然要涉及技术创新，涉及商品帝国的秩序，涉及影视业，而这也必定是对个性化进程的一种展示，必定是对个体在后现代转变的一种反映。制度变得富有弹性且游移不定，个体们也随之动作起来，他们渴望节奏、渴望全身心的投入，而电子时代的立体声、随身听、世界音乐之声或天籁之音等让这种情感投入成为可能。个体的个性化和为社会量身定制的个性化是相辅相成的，个体希望“更多”的体会，希望有条不紊，希望有现场的震撼效果，希望即刻体验，希望完全投身于一种激情与感觉的“旅行”之中。高品质的立体声技术、电声以及由爵士乐开创的并由摇滚乐发扬光大的韵律文化等，让音乐成了我们时代受宠的媒介，因为个性化的个人新形象也即自恋形象与音乐是极为合拍的——它渴望即刻的融入，渴望“沉醉”于最流行的音乐节奏中或者种类最为齐全、制作水平最高的音乐里，而这一切目前都可源源不断地得到满足。

后现代的诱惑既不是交流缺失的代用品，也不是对卑劣的商品关系的一种粉饰，而是系统的个性化，或者系统的社会微型化、系统的个人主义逻辑无限扩大化，旨在将诱惑纳入到对产品和虚拟符号的消费中来，使其成为一种诱饵。那种认为诱惑是一种“非真实、虚幻的再现”（居伊 · 德波）的说法，基于的是伪需求的幻想，基于的是现实与外在表现之间的道德对立，这是诱惑掩盖下的一个客观现实，而诱惑本身也由此被定义为一个现实与个体变迁的过程。

诱惑不是一个神秘的和被动的因素，而是一个对社会现实进行“冷破坏”的因素，它通过一个孤立的进程来实现这种破坏，它不是借助于暴力或各类规则，而是借助于享乐主义、信息以及责任感来实现这种破坏。于是，通过媒体、消费品和性，每个人都可以观察、测试自己，更多地转向自己，以此来洞悉自己的本性、实现自己的利益。每个人都对自己的生活负责，都应当以最佳方式来管理自己的美学、情感、身体和性等方面的资本。在这点上，社会化与非社会化是相同的，至上的个体处在社会沙漠的顶层，是一个老练、自由、谨慎的自我生活的管理者，一如驾驶汽车时，每个人都应系好安全带一样。在社会化的后现代阶段，个性化进程演变成为一种新形式的社会控制，这种控制不再因循“大众化—物化—压制”的进程，而是以健康、安全和理性为主题来进行劝告以达到统一，如广告、医疗咨询及消费建议等。双向电子信息交换很快将成为“决策的平台”和“问—答”系统，通过计算机可让别人了解到消费者真正的需求，以最终做出一种理性的但个性化的决策。至此，诱惑便不再是放荡的。

诚然，一切并非起始于今日。当代社会历经了数世纪方才达成“个体是自由的、自立的，彼此都是相同的”共识。与此同时，也许是不可避免的历史演化，以自主的企业家和市场为基础的自由经济出现了，伴随而来的还有民主政治体制。日常生活方面如生活方式、性别特征、个人主义等都受到了触及，虽然自由经济的扩张近来遭到了冷酷的意识框架和制度、传统的纪律、专断性的习俗的阻击，但这些防线却在我们的眼皮底下以一种惊人的速度崩溃了。在日新月异的技术发展、管理、大众消费、媒体、个人主义意识形态的扩张和心理主义等共同推动下，个性化进程势如破竹，将个人领

域推崇到了无以复加的地步。后现代社会或谓个性化普及的社会与“纪律—强制”型的当代组织渐行渐远，个人自立的现代理念借助一些新策略在日常生活中几乎全部得以“确立”，尽管这种自立有着明显不同的内容。

政治低调的魅力

政治并未与诱惑保持距离。西方国家领导人的个性化也是从形象开始，身着牛仔装或套衫的政治人物，明显给人以一种干练形象，他们还会谦卑地承认自己的不足与局限，向公众展现自己的家庭、体检记录以及青春气息。继肯尼迪或皮埃尔 · 特鲁多[①]之后，法国的吉斯卡 · 德斯坦总统成了将政权人性化、心理化的代表人物，作为一个“人情味十足的”总统，也意味着他不愿意放弃自己的私生活，不愿意放弃与道路清洁工一起吃早饭、与市区的一些法国家庭共进晚餐。大家都知道，新型媒体的兴起尤其是电视的兴起在这其中起到了关键性作用，虽然媒体的地位举足轻重，但这也不足以从根本上解释个性化的兴起以及树立形象招牌的必要性。个性化政治与真挚、坦诚、随和、实在等新价值观的出现是一致的，尤其是个人民主主义的价值观，它们都因大众消费而得以广泛传播。诱惑是享乐主义和心理主义的产物，而非政治马基雅维利主义[②]的

① 皮埃尔 · 特鲁多：生于 1919 年，法裔加拿大政治家，曾于 1968—1984 年间两度出任加拿大总理。——译注

② 马基雅维利主义：马基雅维利（1469—1527），意大利政治家和历史学家，主张为达目的可以不择手段，马基雅维利主义也因之成为权术和谋略的代名词。——译注

产物。民主的倒错、腐化、操纵选举等，都是虚幻的表演所引发的吗？对也不对，因为确实存在着一种预设好的、玩世不恭的政治交易，政治明星们要做的只是迎合“民主人士”后现代的“作风”、迎合一个重视人情味的个性化社会，并竭力避免与匿名、抽象的教条、政治套话、守旧、冷淡等形象沾边。至于这种充满现代实用艺术情趣的个性化的实际影响力，人们可以自行判断。对明星体制的诱惑力艳羡不已的宣传者和政治家们，却高估了这种个性化的影响力，这是因为有头有脸的人物多少都深谙此道并纷至沓来，导致其影响力反而被喋喋不休的传媒冲淡了。诱惑更像是一种强迫性、乏味的“软”氛围，只为敷衍讨好一下公众，而公众也不再是攻讦“表演”的人想象的那么单纯和被动了。

最具有诱惑价值的地方是当代民主国家分权的倾向。在民族统一和中央最高权力机关形成之后，近来又出现了区域议会、地方选举以及区域文化政策等权力形式。虽然如今人们已经对国家事务失去了兴趣，但对地方和区域内的事务却热衷起来，并要求承认各地的社群特性和地域身份。在民主诱惑的新牌局中，依次打出来的有国家人性化、权力下放、遵从公民的决定、重视非中心区域等牌面。雅各宾-民族主义政府开展了一项旨在减少僵化官僚主义的反离心运动，对“国家”也予以重估，可以说，它在推行一种接触的民主政策，通过重新领土化与区域个性化来推行一种亲民的民主政治。与此配套的一项财产政策也出炉了，这与权力下放政策以及生态环保政策如出一辙，即不再是蹂躏、杜绝和矮化，而是要保护并利用地区、自然和历史的财富。区域行政文化政策在于促进非中心地区的实力和实体的发展，并保障过去和现在、人与土地之间的对话沟通。作为落实，一项新的博物馆收藏品保管政策出台了。然而，

出台这个政策并不是出于怀旧，即怀念某个为了未来发展而做出牺牲的社会，也不是为了在媒体上表演政治秀，而是通过捍卫过去来使现今个性化，将古迹与文物加以人性化，类似于将公共制度和人际关系加以个性化，这点虽然隐晦难辨，却更加深刻。这既没有来自外部的压力，也与经济考量无关，对博物馆收藏品保管的关注与寻求身份认同，跟后现代交流感受性极为合拍，这种感受性并非源于对历史与未来的兴趣，而是源于一种无法避免被毁坏的想法的重压。我们的意识很神奇，它能够充实灵魂，也能够将一切现实，如人、石头、植物、环境加以心理化，在我们的意识中，破坏遗迹便等同破坏自然，二者同样让人厌恶。财产意识的形成与改良过的习俗分不开，也与日渐增加的宽容和尊重以及无限的心理化分不开。

自主管理的作用在于消除权力的官僚主义特征，在于将每个人塑造成为一个自主的政治主体，这是一种诱惑。专注于清算传统权力的机械性及其线性特征的自主管理，即信息传输与发布的控制体系消除“指挥—执行”模式造成的偏差，实现权力的下放与分散。自主管理就是挖掘所有信息资源并对其进行最佳化处理，在一个普通数据库处理过程中，每个人永远都是信息发送者和接收者，这便是社会的政治信息化。为此，要克服官僚主义结构性的平均信息量，减少信息阻塞，减少疑惑和懈怠。实现诱惑并非靠故弄玄虚，而是借助于信息、借助于反馈、借助于对社会现实无保留的感悟，一曲完整、常见的“脱衣舞”诱惑也是如此。在这种情况下，很多环保运动仰仗自主管理就不足为奇了。环保运动抛弃了人类的主宰地位以及人与自然关系中的单边主义，因为这种单边主义导致了污染以及盲目的扩张。人们用信息论调节、沟通以及反馈来取代机械、呆板的增长，而在这种反馈当中，大自然不再是一个供掠夺

的宝藏，不再是一种可加利用的资源，而是一个值得倾听与尊重的对话者。生灵之间的依存，环境保护与环境健康，整个生态都取决于大自然的个性化进程，取决于对这样一个无可取代、不可交换、完美和谐的对象的重视，尽管大自然问题是一个全球性的课题。培养人的责任感也相应地成了环保运动的努力方向，如扩大责任的范围，将关注社会现实扩大到关注全球问题。因此，如果说环保运动有效延缓或阻止了经济无限扩张的势头，那么反过来也可以说，它方便了“主体”的扩张。环保运动反对生产本位主义模式，它真诚呼唤着技术上的变革，即采用温和、非污染的技术，更激进的则要求实行生产组织与方式的完全转变，如重新定位和安置工业部门与人口，在人口规模小的社区安排小型的自动化生产车间。生态宇宙论免不了也要借助人道主义的魅力来扩大影响。诱惑施展浑身解数，从等级制关系、历史热的式微、个性化以及主体发展等一路走来，最终触及大自然的绿色空间。

性诱惑

对如今泛滥的爱情或色情，女权主义者、道德主义者以及唯美主义者们的论调是一致的，对于人类堕落成为一种消费品、一部性机器，他们表现出极大的愤慨，因为在日复一日的放纵淫乱中，神秘感失去了，诱惑也荡然无存了。但这并非关键所在，关键在于色情本身是不是一种诱惑的形式。撤销不合时宜的规定和禁忌，取消强制性的新闻审查及自律，如果不为一切可以说、可以看、可以做，也不为实现诱惑的功能，那为的又是什么？这实际上是从性的

物化、性产业化标准或性的地位出发来抨击色情的一种道德观点。在一个自由支配肉体、一个以性为卖点的自由色情产业中，什么都是允许的，甚至可以去寻求一些离奇的方式，尝试一些非常的手段，而不必顾忌非议。这种非规范化和主观化的行为源自性，目的也在于性，性解放运动大多是如此。继经济、教育和政治领域被个性化之后，诱惑按照同样的个性化命令将性与肉体归并在一起并加以个性化。各类稀奇古怪的“小告示”表明，性欲是多样化的。受到性“自助服务”的影响，肉体与性也成为实现“责任化与主体化”的手段。因此，就有必要对自己的性经验和性资本加以开发、利用及创新，由此一成不变的一切规则都应当被打破，以便进行试验与创新。因此，人们以性为名制造出了一个主体，但依据的不再是纪律，而是肉体层面的个性化。你的身体你做主，要照顾、爱护并展现它，这与所谓的“性机器”毫不相干。诱惑增加了主体的存在感，从前被掩盖的身体也被赋予了一种尊严与一种整体性，“裸体主义”应运而生，袒胸露乳是一种庄严的宣告。由此，肉体变成一个需要尊重的“人”，它也需要阳光的沐浴。“抽筋舞”是宣示肉体解放的另类方式，如果说在跳摇滚或扭摆舞时还要遵循一定的舞蹈规则的话，那么对于抽筋舞而言，一切关于舞蹈的形体要求都荡然无存了，这里的肉体仅在“自我表达”，按照“无意识”的说法，肉体本身成为一种奇特的语言。在夜场俱乐部的聚光灯下，聚集着一些自立的主体和一些活跃的生命，没有人邀请，姑娘们不再是摆设，那些“老手们”也不再能够为所欲为了。在一个活力四射的群体里，仍有一些孤寂的形单影只者，虽偶然彼此交互，但由于陶醉于音乐而无暇言语。

当性成为政治，当性与力量、权力相提并论时，会发生什么

呢？告发卖淫女，呼吁群众采取“共同行动”，发起运动来孤立问题男子。从这点看，新女权主义实际上就是抵御诱惑进程的、坚定的、善恶分明的且决不屈服的一道防线。或者说，女权主义团体不正是这样想的吗？但关键并不在此，女权主义的核心在于利用自愿参与免费堕胎的斗争来探求自主权以及获取生育的权与责，以便女性在意外怀孕时可以从被动与顺从的状态中解脱出来。新女权主义也是个性化进程的一部分，它要求自己做主，要求选择权，以便不再沦为生殖机器，不再听任社会和生物规律的摆布。在最近的反性侵运动中，出现一个前所未有的广告，内容在从前是见不得人的，这表明如今似乎没什么是见不得人的，这与目前掌控我们社会的公开、透明的命令体系是一致的。妇女解放运动尽管有些偏激，但通过减少模糊的灰色地带，成为当今时代常见的“脱衣舞”现象的一部分。其中，依然少不了诱惑、信息、交流。一些倡导“自助”或“自我意识”的小团体表明，新女权主义的形成是基于成熟的心理化意愿，基于弱化政治色彩的需要。在这些小团体内，女性们相互诊判，相互剖析，相互诉说，相互探究她们的意愿和身体。总之，亲身“体验”是第一位的。至于理论、概念、权力，那是男性或帝王们的事了。探究个人“体验”的本质在于解放自己，而对比与表达生活的阅历则旨在寻求自己的身份。

“女性话语权”问题的最大特征在于寻求一种性别差异，并确认女性不再以男性作为参照。最激进的“女性话语权”观点认为，实现女性的自决与“自爱”（露丝·伊利格瑞，Luce Irigaray），且不受占据最高权力制高点的一切中间派立场及男性中心论的制约，关键在于走出经济“逻各斯”的制约，摆脱严密推理的束缚。但更关键的是，要重整一块已有标记的领地，但这块领地本身存在着

不确定性，它不可能被标定和界定，因为它是自我，它是乌有，它是“一种膨胀的世界，没有为它设定界限。然而，它却不会成为一盘散沙”，女性是变幻、毗连、近邻的复合体，其中没有“自己”，也即没有作为主体自己的位置，甚至也无须构思能表现女性特质的其他概念，因为这只会让人想起男性性器官崇拜论，这样便能继续“忘却自我”且“失去独立”。为了定义自我，超级女权主义要求“可触知的”和变幻无常的“风格”，但这是符号关系学上的“他者”，既非主体，也非客体。在变幻无常的简约之中，在层出不穷的纷繁之中，同一性、中心性和直线性没有立足之地，不再有呆板以及“坚冰”，谁说这其中没有诱惑的功劳呢？理论构建的中止并非一种内卷化，它只是心理理性的一个终结；这样定义的女权并非一种历史的倒退，而是后现代诱惑的一个成果或是一种呈现。在这个过程中，诱惑放宽或打破了对个人身份以及性的界定，“妇女几乎处处呈现着性感，也几乎处处享受着性”。变幻无常的机制下的女性依然有着被男性支配的嫌疑，这是不合时宜的。但要对此加以声讨也完全不符合实际，因为普遍的诱惑出现了，新女权主义只是加速了个性化进程而已。它塑造了一种前所未有的女性形象，这是多形、性感的，不再恪守原有地位与角色的女性形象，与开放的社会制度极为合拍。新女权主义致力于女性的培训，其中有心理的、性的、政治的、语言的培训，对女性从理论到战斗力等进行全方位的提高。首要的任务便是清算最后的“该死的部分”，以便让女性责任化和心理化。或者说，促使妇女成为一个享受完整公民权益的、适应享乐主义民主体系的个体，这与一些仍遵循着落伍的社会规范、谨慎小心、逆来顺受、歇斯底里的人大相径庭。

当然，轰轰烈烈的分析和交流以及团体讨论并不能改变诱惑孤

立的处境。女性主义和心理分析主义一样，阐释得越多，朝向“自我”并对其进行全面探讨和关注的劲头就越足；分析得越多，内省化与主观化就越是深入；“无意识”与阐释越多，自我诱惑力就越强。在美妙绝伦的自恋机制中，分析性阐释是借欲望实现个性化的一个动因，同时也是实现非社会化的、系统的、绵延不绝的微型化的一个动因，这与诱惑的所作所为有着异曲同工之妙。以“无意识”与“压抑”为由，每个人在自己性欲的一隅寻求自己的真面目，在最新的拉冈变体（Lacaniens）[①]之中，不再有权威和精神分析学家的真理。在分析沉默与死亡之际，我们都是分析家，在一个没有窗户与门的闭合循环之中，人们在被阐释着的同时也在阐释着别人。唐璜的确死了，一个让人非常不安的新形象树立起来了，这便是自恋，它在玻璃罩内为自己的形象所着迷。

---

① 拉冈变体：类似于传统的弗洛伊德心理分析，但却更侧重于患者的言语功能分析。——译注

L'ÈRE DU VIDE

第二章

纯粹的冷漠

大众的背弃

在此仅列举19、20世纪的一些现象，如边远地区人口系统性迁入城市，多愁善感、无病呻吟，奥兰多尔大屠杀与种族灭绝[①]；数百万吨的炸弹投向越南，使用除草剂的生物战争，世界范围内原子武器储存量节节攀升，金边被红色高棉洗劫一空；欧洲虚无主义，贝克特（Beckett）[②]作品中行尸走肉的角色，安东尼奥尼（Antonioni）[③]内心的焦虑不安与悲伤，阿兰·泰纳（A. Tanner）

---

① 1944年6月，德国党卫军第二“帝国”装甲师的一名下级军官在法国维埃省奥兰多尔村附近失踪，作为报复，德军将该村所有男性枪杀，并把所有的妇女儿童赶进教堂，用火焰喷射器全部烧死，最后将该村庄烧毁，共计屠杀村民614人，仅有1人逃脱。——译注

② 贝克特（1906—1989）：著名剧作家，1969年获诺贝尔文学奖，其最成功的是《等待戈多》（*Waiting for Godot*），很多人认为这是荒诞剧最具震撼力的作品，该剧以虚无、挫败的内容来表现存在的背景，揭示出人类迷失于一个被上帝与理智遗弃的世界，剧中人物在封闭的空间中，苦闷、无聊地重复着无意义的行为，只是为了等待一个从未出现的角色。——译注

③ 安东尼奥尼（1912—2007）：20世纪40年代兴起的意大利新写实主义（Neorealism）的先驱，其《迷情》和《夜》（*La Notte*）及《欲海含羞花》（*L'Eclisse*）被称为“疏离（爱情）三部曲”，刻画了现代人因缺乏有效沟通而苦闷、孤独，并转向爱情以寻求寄托，但却适得其反，再度因无形的隔阂而爱情挫败并陷入绝望与更深的孤独之中，这便是所谓安东尼奥尼式的悲观情结。——译注

的作品《获月》，哈里斯堡事件[①]，如果想要刨根问底的话，这个目录肯定会很长。人类何曾在如此这般地组织、建设与积累之后，又如此这般地被虚无、摒弃、根绝的意识所纠缠？在这种根绝的行为遍布全球之际，作为文明目的与手段的空虚，表明了所谓的现代性，便是要以这样“悲惨”的场景来替代有关虚无的形而上学的思考。在虚无中，我们看到了一种绝对的威胁，一种否定的力量，一个致命诱惑的时代符号及其悲惨的结局。

然而，依附于一个不安定的时代的各式根绝现象掩盖不了另一种虚无的出现，这是一种全新的虚无，它脱离了虚无主义或世界末日的范畴，悄无声息地在大城市蔓延，并进入你我的日常生活，非常难以捉摸。这是一种自相矛盾的虚无，既无灾难，也无悲伤，既不绚丽夺目，也不再是死亡或者乌有。因此，“关注度病态地下降，就是虚无”是不正确的。实际上，分析一下这种关注度锐减的现象，就会发现，所有的体制，所有存续下来的伟大价值观、信仰，都渐渐脱离了实体。因此，社会肌体出现了失血无力，机构组织被改作了他用，这不是一种大众的虚无，还会是什么呢？将责任推给“年轻”一代是徒劳无益的，人们不可能在一代人的时间内处理好一件关乎文明兴衰的事情。在这波大潮中谁又能幸免呢？这儿，那儿，都是一样，虚无在滋生蔓延着，知识、技能、劳动、军队、家庭、教堂、政党等，都失去了作为不可撼动的绝对原则的地位，没有人再会相信这些，尽管程度各异，但无论为何，不会再有人对这些感

① 哈里斯堡事件：1979年3月，美国宾夕法尼亚州的哈里斯堡核反应堆发生一起事故，由于迅速及时地采取措施，成功地避免了可能发生的一场悲剧。——译注

兴趣了。[①]当人们体验到了旷工以及“破坏”的乐趣并醉心于假期、周末以及享乐之时，当退休成为百姓的一种渴望甚至是一种理想之时，谁还会崇尚劳动？离婚率越来越高，老年人被赶进了养老院，父母们想“永葆青春”并且也需要接受“心理”帮助，夫妇变得“好合好散”，堕胎、避孕、绝育都合法化了，在这种情况下，谁还会崇尚家庭？当一切举措都遭受质疑并被修改，当逃避服兵役不再羞耻，谁还会崇尚军队？谁还会崇尚勤劳、节约、敬业、权威以及敬畏惩罚呢？在教会遇到了后继乏人的窘境之后，工会也遇到了同类问题，它的声望下降了。例如：法国在三十年之内，参加工会的比例从50％锐减到如今的25％。疏远的浪潮波及面极广，各种体制都失去了先前的荣耀，失去了情感上的号召力。然而，体系还在运转，体制依旧在存续和发展着，但却走上了一条“自由”驰骋之路，走向了空虚，既无眷念也无方向，并且愈发受到最后的神父——“专家们”——的掌控，正如尼采所言，在只有麻木不仁的虚无大行其道的氛围之中，唯有专家们仍然愿意为其注入某个意义与某种价值。因此，我们所生活的体系之所以看起来像洛扎克（Roszak）[②]所谓的太空舱，这并非基于理性与可预见性的支配，而是基于情感的空虚以及失重漂浮，而社会运转便正是在这种空虚、失重的状态下进行的。应当成为我们生活方式的总则的“阁楼”，如今却成了堆放生活方式的亭子间，这便是在漂浮的空间内的生活的写照。

---

① 参阅J. Rousselet：《厌恶劳动》，载《视点》，Seuil出版社，1989年，第41—42页。

② 洛扎克：美国加利福尼亚州立大学海沃德分校的历史学教授，以研究反文化著称。——译注

麻木的新面孔

麻木的新面孔们不会为西方的堕落、意识形态的寿终正寝以及“上帝死了”而哀叹不已。尼采所分析的欧洲虚无主义是对所有高尚价值观的极度贬低以及意识上的虚无。与之有所不同的是，绝望与荒诞并未伴随着大众的懈怠而出现。后现代的虚无完全由冷淡而起，它不同于“被动的”虚无主义，也不为普遍的虚无而感伤；同样，它也不同于“主动的”虚无主义，也不会为此而自我毁灭。上帝死了，伟大的信念也湮灭了，但是“全世界都不在乎”，这便是那张快乐的新面孔，这便是尼采曾为抑郁的欧洲所给出的断言。意识的空泛，理想的破灭，正如人们所预料的那样，并未导致更多的忧虑、更多的荒诞以及更多的悲观。但这种依然带有宗教性质的悲观看法却与大众那日渐浓重的麻木相抵触，上进或堕落、确定或否定、健康或生病，都很难有一个定论。“不完整的”虚无主义及其世俗的代用品迎来了自己的时代，我们对于感觉、性与享乐的渴望无法掩盖与填补由上帝之死而形成的意识上的深渊，因为冷漠并非一种形而上学的悲伤。苦行理念不再是现代资本主义的主流形象，高明的宗教治理手段也失去了效果。依然是消费、享乐与放纵，结果便是生命的消沉与倦怠，便是由机械性的无意识活动和绝对的服从而引起的感受力的钝化，便是由罪孽与罪责感所引发的情绪上的紧张。[①] 我们已经习惯于性欲、创新及个性化的资本主义，我们最终将

① 参见尼采：《论道德的谱系》，第三篇。

何去何从呢？[1] 后现代的松懈实质是对麻木、约束和虚无的一种放纵，“无拘无束”由此终结了苦修的契约。后现代是一种旨在放宽并解除情感约束的体系，受集体约束的欲望由此得以松绑，能量由此得以释放，由生活现实引发的紧张情绪以及屈辱由此得以缓解。

当代一些伟大的作品，如彼得 · 汉德克（Handke）的《左撇子女人》、乔治 · 拉沃达 (Lavaudant) 的《精神广场》、玛格丽特 · 杜拉斯 (Duras) 的《印度之歌》、B. 威尔逊 (Wilson) 的《爱迪生》以及美国的超现实主义等，它们或多或少都揭示出这样的时代精神，并将存在主义与荒诞剧所特有的对意识的忧虑及眷恋抛在脑后。无须再借助反叛以及对交流的器重或藐视来表达虚无；一切仅是一种对于意识的淡薄，一种不可阻挡的缺位，一种由距离产生的、外在的且与时间间隔无关的冷淡美。超现实主义的背景没有释放出任何的信息，它也不想表明什么。然而，依照先前作品中的观点来看，超现实主义的空虚正好烘托出了自身悲剧意识的缺失。无须多言，锃亮的车身、耀眼的橱窗、巨大的塑像、褶皱的布料、马匹与奶牛、镀镍的摩托、城市的全貌，无论什么东西都可以被细致地、冷漠客观地刻画出来，既无不安也无揭示。通过冷眼对待动机、意识、特殊的幻境，超现实主义变成了一种纯粹的游戏，唯一的乐趣便在于制造障眼法及轰动效应。超现实主义仅是一种绘画的工作，一种被

---

① 尼采遗稿的几个片段清晰地描述“现代精神”的几个特指符号：“宽容”（对待“是与否难决者”）、同感的幅度（三分之一麻木不仁，三分之一好奇心，三分之一病态的兴奋性）、客观性（缺少个性，缺少意愿，爱无能）、反规则的自由（浪漫主义）、反伪反谎言的真理（自然主义）、科学性（如《人类档案》等连载小说及其续集在德国代替了杜撰小说）。见尼采：《欧洲虚无主义》，法文版，A. Kremer-Marietti，U.G.E. 出版社，总 18 卷之第 10 卷，第 242 页。

剥离了古典内涵的、借助于表现性堪比照相一般逼真的造型来达到艺术的再现，但现实已被排除在外而不再有价值了。对现实关注度的弱化以及超现实主义的迂回表达发挥到了极致，而再现，作为历史所构筑出来的一个人文主义空间，通过增加和强调形式与色彩，顷刻间就变形成为一种冷淡、机械的，但没有了人情味的表现手段，既无僭越也无“超越”，可以说，对再现的各类要求在执行途中被完全改作他用了。

对于绘画以及日常生活而言，情况的确如此。换而言之，面对一切都无所谓的浮浅的时尚、享乐与广告，意识与无意识的对立不再让人悲伤，对立本身也不再激烈。在追求轰动的年代，严格的二律背反，如真与假、美与丑、现实与虚幻、意识与无意识等之间的界限变得模糊不清了，对立变得“浮游不定”。至此，人们这才意识到，今后一种既无目的也无意识的生活方式是可能的，它如一组快镜头，而这也是创新之所在，但这让形而上学及反形而上学的专家们感到不快。尼采曾经说过，“无论什么意识都比没有意识要强”，但如今连这个结论也不再是正确的。对于意识本身的需要已被排除了，生活方式中的疏远意识逐渐蔓延开来，既无悲怆也无毁灭，更不期待会有一系列新价值观的出现；不再眷恋过去的做法引发了一些新问题，但庆幸的是，这冷漠的新面孔至少还能够遏制住虚无的拥护者们的致命的癫狂。

冷漠在滋长着，这种现象在教育领域尤其明显，且无可匹敌。几年来，教师的声望及权威正在以极快的速度消逝着，或已消失不见。如今，教师的话已不再神圣，它普通而又平凡，它与传媒同处一个级别。教育是一部被学校的冷漠中性化的机器，而这种冷漠则是由注意力的分散以及对知识的历史怀疑主义造成的。教师们由此

感到了巨大的不安。这种对于知识的疏远富有意义，它远比厌学的意义要大，另外这种疏远还有一个变量，即那些学生。高中不像营房，而像荒漠（营房从某种意义上而言也是一个荒漠），这些学生们过着呆板单调的生活，缺乏激情或者兴趣。因此，要不惜代价对此进行革新，但结果却是变本加厉的创新、互动、教研让学校纷扰不断，因为学校越要顾及学生的感受，学生则越难以忍受这种空虚的地点。因此自 1968 年“五月学潮”[①]以后，罢课消失了，不满也销声匿迹了，学校变成了一具僵化的迟钝的躯壳，教师们则是身心疲惫，不再有往日的生机。

政治界也有着同样的冷漠，如在美国屡见不鲜的高达 40—45％的投票弃权现象，即便在总统选举中也是如此。但这并非由严格意义上的“非政治化”所致；公民们一直以来对政党以及选举“感兴趣”，但他们同样（准确而言是不如）也对赌马博彩前三名、周末天气预报以及体育赛事结果感兴趣。政治步入了追求轰动的时代，意识形态上的审慎与良知受到清算，取而代之的是广泛的猎奇心态，受一切或者不受一切事物所左右。由此，在政治家眼里，大众传媒的重要性是非同一般的；政治只有借助信息传播才能发挥影响力，如今只有采用个性化的讨论、答辩等活跃的风格，才能及时吸引全体选民的注意力。内阁官员的声明不再比报纸的专栏文章更有价值，从政治到“花边新闻”，没有了等级之分，娱乐性大小决定了其受欢迎的程度。我们的社会不存在什么优先权，没有确切的规定，也没有什么中心，它只有一系列等效的激励与“选择”。自

① 五月学潮：爆发于 1968 年 5 月的法国学生运动，也称“五月风暴”，最终导致戴高乐政府的垮台。——译注

此，后现代的冷漠产生了，一种因过度而非不足、因超激励而非惩罚引起的冷漠。如今还有什么事情能让人惊异或引发轰动的呢？由于人们冷对泛滥的信息，冷观急速的轮换，因而一个事件一旦被知晓，旋即也就被忘掉，因为它要为更为轰动的事件让出位置。新闻越多，轮换的节奏便越快，事件与住所与地点一样，也受到了同样的冷待。自第二次世界大战以来，有五分之一的美国人口每年都要更换居住地，也即四千万的美国人处在不稳定的状态，常年变换着住址，甚而连土地，即“家园”，也无法抗拒这股冷漠浪潮的袭扰。

几年来，出现了一些新的行为，这些行为给人带来这样一种全新的感悟：要在家乡生活和工作。这种感悟已成为一种普遍的诉求，甚至在美国也有越来越多的人宣称，不赞成因为职业的原因而不停地更换所居住的城市；从 20 世纪 70 年代以来，环境与自然问题引起了一些人的关注，他们的人数超过了环保斗士们的人数，而与他们并肩作战的媒体则不断地将“价值观”的再度发掘排在了首位。也许这就是后现代主义，一种对区域、自然、精神、过去的重新关注。在经历了当代的人口迁徙之后，出现了地方主义以及环保运动，而每六个月更新一次的“价值观回归”则更是常见，人们的态度也从好奇与宽容转变为普遍的冷漠，宗教、家庭、传统以及浪漫主义由此也发生了动摇。所有这些后现代的现象，它们的波及面各不相同，内涵也不同，可以说，它们都是从自己的角度来诠释一切。相对于第一阶段喧闹的现代主义而言，这的确是一个了不起的变化。这是一个讲究平衡、品质、个人发展、自然和文化遗产保护的时代。但人们确信，地方主义、环保运动、“神圣事物的回归”等所有的这些运动彼此间并非互不相干，一切只为让冷漠的逻辑能够日臻完善。现在又轮到现代主义的那些伟大价值观，是它们感到

捉襟见肘的时候了。所谓的进步、增长、世界主义、速度、流动性等价值观和革命价值观一样，都变得空洞无物了，甚至连现代与未来也都不再能够让人兴奋。这是在为一批新价值观的出现让路吗？更贴切的回答是，这是为了把一切优良的价值观纳入个性化私人自由空间里而已。后现代阶段不仅是一种生活方式，它还是一个纯粹冷漠的进程。该进程表明，在一个既无稳定参照也无关键坐标的失活的时代里，各类习性、各种行为都可以和平共处、相安无事，一切都可以从容不迫地选择，选择最实用的或最玄奥的，新的或古老的，简约环保的或极为精致的生活。对于大多数人来讲，公共问题，包括环保运动，都成了一种“乐趣”，这些问题让时代富有生机，但它们的出现与消失一样都极为迅速。越来越多的夫妇不要孩子，即“无孩族”，而在一些美国中心城市，则有四分之一的儿童由单亲扶养。在此情况下，家庭观的再现也不过是迟早的事情。而神圣事物的回归则是由变幻莫测的自主的个人生活方式所触发的。纯粹的冷漠表明，临时性的以及个人主义的诸说混杂已达到了极致。因此，劳动者既可以是世界主义者或地区主义者，也可以是理性主义者或者是西方精神领袖的信奉者；在这样一个宽容的时代，人们也可以选择去依从宗教规约。后现代的个体处在不稳定的状态，这样的个体“无处不在”，他钟情于自恋的自助服务，钟情于各类花里胡哨的行为方式。因此可以说，后现代主义实际上只是个体的个性化发展道路上的一个阶梯而已。

至此，尽管涵盖面很大，但现实的冷漠很明显也只涵盖到马克思主义者们所谓的“异化”的一部分。人们知道，异化离不开各类客体、商品、相异性以及相关的物化进程，冷漠的蔓延因涉及了受过教育的且明白事理的“主体”，从而来势变得更为迅猛。体制越是通达越强

调责任感，则越有利于冷漠发展，这种矛盾妨碍了对于异化与冷漠的了解；尽管如此，冷漠还是可以通过无聊与单调表现出来，由此可见冷漠是虚无，而不是物化。除了“放弃”和日常的乏味，冷漠还意味着一种新意识，而不是一种无意识，意味着一种自由支配，而不是一种“外在性”，意味着一种发散，而不是一种“贬值”。尽管冷漠并不意味着被动、顺从和故弄玄虚，但还需彻底斩断与马克思主义之间的身份认同链。经常性的旷工、主动罢工与“破坏”表明，在不尽心工作的背后是各类新形式的抵抗与斗志。这种冷漠的人既非尼采所谓的悲观的堕落者，也非马克思所言的受压迫的劳动者，它更像是争先恐后“去看”晚间节目的电视观众，像是满载而归的消费者，像一位举棋不定的度假者，在去西班牙的海滩或去科西嘉野营的选择中挣扎着。马克思所分析的源自劳动的机械性的异化，让位给一种冷待，一种因选择困难及普遍的自助服务所造成的慢待，于是走出了苦难的工业化初始期并“怠慢现实”的冷漠开始了。

实用的冷漠

虚无的进程绝非源于某种不足或某种意识的缺失。冷漠起因于个性化的进程，但其迁移却要仰仗那决定着社会功能的预设好的“微型化”，从媒体到生产、从运输到消费，没有任何制度能够摆脱这种疏分的战略——一种从科学上而言如今很成熟的疏分战略；同时，这种战略也策应了由计算机通信的进步所带来的巨大发展。在一个依据“温和的”孤立原则而组织起来的体系中，公共理念与价值观只能走向衰微，只剩下自我关注和个人利益。对个人自由的陶

醉、对肉体与性的迷恋导致了对个人的超级关注，由此人们对公共空间的关注变得松懈了。伴随着交际的净化，开始出现了一种广泛的消极感。消费热反证了自给自足状态下的自我封闭现象，时髦的心理分析和理性技术也对自我封闭进行了佐证。在生活现实被改变之际，欲望、欢乐、交流便成为唯一的“价值观”，“心理”成了虚无最强大的后援。伴随着大众的虚无，“心理”的时代开始了，而性欲便是这空虚之源。

社会虚无的出现并不意味着迟早要崩塌的体制出现重大危机，虚无仅是该体制的一个终极结果，它的基本逻辑似乎是：资本主义不但能使“物”，而且还能使“人”也变得同样冷漠。冷淡并不是与体制对抗落败后的产物，它不是社会化的一个败笔，它是一种新型、弹性、“经济”的社会化，现代资本主义作为一种日渐加速、成体系、“试验性”的体制，其运转也必要有冷漠作为缓冲。资本主义要对新事物进行不断地配置，而冷漠则为这种试验提供了一个理想的且极为便利的氛围。在极短的时间内，一切都变得有可能了，但资本主义的创新与无常，也让它自己无法再度拥有凝聚力以及传统的忠诚，而且各类事物的形成与解体也变得越来越快。这种“为什么不”的体制也如同冷漠一样变得纯粹，变得系统化，变得实用化了。冷淡让试验的“提速”成为可能，这里指的是包括开发利用在内的所有试验。冷漠是为了利益？当然。不要忘了冷漠已触及方方面面，更不要忽略冷漠已经普及化这个关键。冷漠并非某个特定决策机构的工具，冷漠在政治上是形而上学的，经济上也是形而上学的，它让资本主义得以进入了实用的功利阶段。

但现实中，政党、工会以及新闻似乎是在不停地抨击着冷淡，并为此进行着全方位的呼吁、动员和通告，怎么理解这些行为呢？

一种需要冷漠来维持运转的体制，为何又要全力以赴鼓励参与、促进教育和激发兴趣？是体制的矛盾吗？当然，矛盾只是幌子，准确地说，是这些组织利用自己的“形象”在制造大众冷淡；如今玩下三烂的手段是行不通了，因为缺乏实施的中介，所以它们只能亲自上阵。政治人物辩解得越多、在电视上露面越频繁，人们就越是笑得欢；工会散发的传单越多，人们就越少阅读；教授们越要求阅读，学生们读得就越少。这是过饱和、信息泛滥、隔绝导致的冷漠，它们是导致冷漠的直接因素。由此，人们明白体制为什么会用一种铺天盖地的方式来推介和培育责任感与意识，原来只为制造一种空泛的介入。你从电视上看到的，不过就是请关注、投我们的票，赞助，一起喊罢工口号等东西，政党以及工会没有别的要求，它们只要求这种冷漠的“责任感”而已。为了能延续当代官僚机构的权力，美妙动听的介入是不可或缺的。冷漠并非动机缺失，而是动机不足、“情感贫乏”（里斯曼）、行为以及判断的不稳定化，而这些不稳定化的行为、判断，自此以后与起伏波动的公共舆论一样，也是“漂移不定的”了。冷漠的人不纠缠于任何事情，也没有绝对的确定性，他期待着一切，但常常很快便改变主意。因此，为了达到某个程度的社会化，拥有知识与权力的官僚主义者们便需要展现其想象的天赋并散布大量的信息。

“批评”的门槛被跨越之后，面对缺勤或者自动罢工、出生率下降、毒品等形式的疏远，当权者无法无动于衷。是否可以说，冷漠一反常态变成了一种抗争的手段？是也不是，因为这种叛离局面如果长此以往下去，会导致一种让人无法容忍的机能失调，但这并非由过多的冷漠所致，反而是由冷漠的“不足”引发。边缘化、冷漠、年轻的罢工者们虽怒不可遏，但还是“罗曼蒂克的”或者是未

开窍的，在其热情的荒漠里充斥着的是对另样生活的绝望与狂躁。虽然冷漠不再依靠由微型化构成的冰冷的温床，但它又从乌托邦及激情中汲取了养分。因此，它是“不纯粹的”。虚无就在我们面前，它是即将到来的伟大征服的目标之一，位列于空间与能量之后，因此要采用更多的制约、激励和教育来让这些叛离者们重新冷静下来。

在大规模的针对大都市中的虚无的抗争中，1968 年 5 月份的学潮虽然发动了群众并“掌握了话语权”，但无疑，它仍不是最具有代表性的。在马路上游行并四处涂鸦的群众成为新闻，另类生活的幻想取代了生活水平的提高，街垒、暴力“占领”以及无休止的讨论唤醒了都市的热情。但与此同时，却又为何不见那统治当今世界的虚无与冷漠有所作为呢？原因便在于它们是“无使命的革命”，它们没有计划、没有受害者、没有叛徒，也没有政治框架，1968 年 5 月那次事件，尽管有着活灵活现的抱负存在，但它依然是一种松散、自发的运动，它是冷漠的第一次革命。因此，不必为虚无感到绝望。

个性化进程促成对现实存在的超级关注（在 1968 年的事件里，也出现了极端的女性和同性恋解放运动）、对僵化的抨击和对规范日渐淡出的超级关注，它弱化了人的存在形式以及性别身份，推出了一些出人意料的组合手段，制造出了大量的奇珍异葩；个性化进程能够预见女性在未来几十年内将要表达的东西，那么儿童和男人，他们又想以何种面目来示人呢？冷对确定的角色与身份，冷对“经典的”脱节与排斥，让我们的时代呈现出一副游移不定的、怪异的模样。“政治”意欲何为呢？政治与现实存在，不再归于某些泾渭分明的范畴，它们之间的界限变得模糊不清并且优势地位也轮转了，一些不难解决的新的利害关系出现了。由此看来，规范与单调妨碍不了虚无，我们不必为它而担心。

“沉醉不醒”

虚无的浪潮不再局限于社会现实，它侵入了之前一直得以幸免的私人领域，这里又会发生什么呢？当冷待的逻辑变得无所顾忌时，结果又会如何呢？自杀，就可以了结虚无吗？对比一下今天的数据与19世纪末的数据，可见总体自杀率多年来一直呈下降的趋势，这与一种广为流传的观点相反。在法国，整体自杀率从1913年的每百万人260例自杀，下降到1977年的160例，而最具有代表性的是巴黎地区，该地区在19世纪末曾一度达到了每百万人500例自杀，到1968年却下降到了105例。[①]可以说，自杀与冷漠时代是“格格不入的”。从激进的或悲惨的自行了断，到对生命与死亡的极端关注与轻视，自杀与后现代的宽容论是水火不容的。[②]在虚无的远景里浮现出来的并非自我毁灭，也不是一种彻底的绝望，而是一种越来越流行的大众病理学，抑郁、烦腻、颓废等，都是对冷淡及冷漠进程的不同表达，原因有两点：一是缺乏吸引人的戏剧性；再就是局部流行的、永恒的、冷漠的摇摆不定，一种在兴奋与抑郁之间的摇摆不定。自杀率下降表现出来的平和否定了艾曼纽·托德（Emmanuel Todd）的乐观主义结论：数字上的变化全面反映了现代人的焦虑感更少，现代人的“平衡感”更高级，因为托德忘记了焦虑还可以借助其他同样也是“不稳定的”方式来进行扩散。面对从前只是资产阶级专利的抑郁症的扩散和普及化，

① 引用的数字来自艾曼纽·托德：《疯子和无产者》，Laffont出版社，第183、205页。
② 这个问题很微妙，将在第六章予以大篇幅的讨论。

心理“进步”说是站不住脚的。[1]不再有人能以避免抑郁而自鸣得意，社会的虚无导致了一场史无前例的针对抑郁的民主化运动，此后抑郁成了一种扩散的且在局部流行的灾难。再者，冷漠之人并不比守纪律的清教徒要“结实”，而是恰好相反。在一个变化中的体制里，某个不起眼的事件或纯粹的捕风捉影就足以导致冷漠蔓延并影响到生活方式。如今的人本身没有任何坚强的支撑，却要独自穿越虚无，其“脆弱性”可想而知。抑郁的蔓延，原因并非个人的心理突变或现实生活的“艰辛”，而是虚无的“共和”，这种共和荡涤了大地并迎来了纯个人时代的降临，即迎来了寻求自我的自恋，但自恋仅纠缠于自身，因此在没有外部力量介入时，在只身面对逆境时，人就会随时感到气力不支直至崩溃。由此，自由自在之人其实也就是失去了武装之人，个人问题因此被急剧放大了。无论是否借助于“心理”，最终结果还是一样，即越是关心个人问题，却越不能够解决问题。接下来，还有教育或政治的现实问题，越是对其研判会审以寻求对策，则越是不得章法。如今，有谁还能躲得过夸张和压力？衰老、变丑、睡眠、儿童教育、外出度假等，一切都是问题，但连这些基本活动问题的解决都已经变得愈发不可能了。

“绝非是一种理念，而是一类启迪……，对！就是这样，布吕诺，让我一个人待会儿吧。”彼得 · 汉德克在其小说《左撇子女人》中讲述了这样一个既无理性也无目标的年轻妇女的故事，她要求其丈夫离开，以便让她与儿子独自生活八年。这种对于孤独的要求让人难以理解，但绝不能将这理解为妇女解放和独立。小说中的人物都感到了一种孤单，因此《左撇子女人》不是描述一个人的悲剧；

① 艾曼纽 · 托德：《疯子和无产者》，Laffont 出版社，第 71—87 页。

准确来说，小说中表达的是一种脱离意识的东西，对这个东西，要用心理或精神分析的隔阂来解释。这是意识脱离唯我论的玄学吗？也许是，但主旨却在他处；《左撇子女人》对20世纪末期的这种孤独的描述要胜于对它无依无靠的永恒的本质的描述。彼得·汉德克小说中的人物，他们麻木不仁的孤独，与古典时期人物的孤寂，与波德莱尔的抑郁（spleen）并无相同之处。特别要提及的是，孤寂能反衬如诗如画般美好灵魂的时代已经结束了。小说中的人物认为，孤单是没有活力的，孤单没有反叛的色彩，孤单也没有致命的诱惑力。这种孤独已经变成了一种“现实”，它与日常生活的言行一样是平淡无奇的。意识不再被定义为彼此间的牵扯；相识、沟通乏力以及冲突等都让位给了冷淡，空泛的主观本身也受到了冷待。在价值观和制度遭遇到社会虚无之后，便轮到“他者”了。“他者”依照同样的逻辑也加入了疏远的进程。“我”不再挣扎在一个被敌对的或遭鄙视的其他的“自我”所占据的苦海，人际关系也渐渐消失在一片令人窒息的中立和自立的荒芜中，没有了理由，也没有了抱怨。与战争一样，自由也在对他人表现着虚无和绝对的陌生，孤独的欲望与痛苦尽在“让我一个人待会儿吧”之中。人们就这样将虚无坚持到底，尽管已经被微型化、被隔离开了，但每个人仍然是导致虚无的一个积极因素，他将虚无扩散、将虚无拓展，却无法“感受到”他者。体系不满足于制造孤立，它还怂恿人们去享受孤独。这是一种不可能的享受，因为孤独一旦成形便又让人无法容忍。人们希望孤独，希望一直孤独下去，但同时人们却又不能容忍自己形单影只。这便是虚无，它无始也无终。

L'ÈRE DU VIDE

第三章

自恋或空虚策略

每一代人都热衷于在一个传奇中或神话中的伟大人物身上找到自己，鉴定出自己的身份，并依据时代的诸多问题，对其做出重新阐释，如作为普遍象征的俄狄浦斯（Oedipe），作为反映当代世景镜子的普罗米修斯、浮士德（Faust）[①] 或西绪福斯（Sisyphe）[②]。在众多研究者眼中，尤其是在美国研究者眼中，那喀索斯（Narcisse）[③] 更是当今时代的象征符号，因为“自恋已经成为美国文化的核心主题之一”[④]。R. 斯奈特（Sennett）[⑤] 的《内心的暴虐》一书刚被译成法

---

① 浮士德：欧洲中世纪传说中的人物，为获得知识和权力，向魔鬼出卖自己的灵魂。——译注

② 西绪福斯：古希腊一个贪婪的君主，被罚在地狱推一巨石上山，巨石滚落再重新推上去，就这样无休止地推，常喻作徒劳的与永不停息的。——译注

③ 那喀索斯：古希腊神话中的美男子，因为自恋导致憔悴而死，死后变为水仙花，今多喻指自恋。——译注

④ 参见克里 · 拉什（Chr. Lasch）：《自恋主义文化》，纽约，华纳出版社，1979 年，第 61 页。在该书中就自恋问题，除了引用 R. 斯奈特的观点，拉什还引用了如 Jim Hougan：《颓废：极度怀旧、自恋主义及 70 年代的没落》，纽约，Morrow 出版社，1975 年；Peter Marin：《新自恋主义》，Har - per's 出版社，1975 年；Edwin Schur：《知识陷阱：自为而非社会变革》，纽约，纽约时代周刊四角书社，1976 年。还有一些重要的心理学著作（参照该书第 404—407 页的注释），尤其是 P. L. Giovachinni：《紊乱的精神分析》，纽约，Jason Aronson 出版社，1975 年；H. Kohut：《自我分析》，纽约，大学国际出版社，1971 年；O. F. Kernberg：《自恋病理学以及其边际条件》，纽约，Jason Aronson 出版社，1975 年。另自开始编撰本书以来，拉什的著作已翻译成书，书名为《自恋情结》，Laffont 出版社，1980 年。上述页码指的是该书美国版的页码。

⑤ R. 斯奈特：《内心的暴虐》，巴黎，Seuil 出版社，1979 年。

文,《自恋文化》便又成为横扫美国大陆的、名副其实的最畅销书。自恋远不是时髦或浮躁，人们随手便可采撷几幅漫画来展现这种新型的自恋。这种在精神世界中出现的自恋，是人类学上的一种“突变”，它为我们亲眼所见，为我们所记录，我们每一个人对其都有所感受，即便这种感受混沌不清。就这样，个人主义的另一个阶段登台亮相了，这就是自恋。而自恋，在“专横的资本主义”让位给宽容的享乐的资本主义之时，依据个体对自己、对肉体、对他人、对世界以及对时间的立场，描绘出一个全新的个体形象。个人主义的黄金岁月到来了，它在经济层面上是竞争的，在家庭层面上是温情的，[①] 在政治及艺术层面上是革命的。这样一种纯粹的个人主义，它不再理会社会和道德的最高价值观，尽管这些价值观依然被显赫的、主流的“经济人”、家庭、革命以及艺术所拥护；从堂皇的框架内挣脱出来的个人领域，本身的意义也在变化着，它不再坚持仅以个体多变的欲望为尊。如果说现代性是企业精神，是未来主义的企盼，那么显而易见的是，自恋以其历史性的冷漠，开创了后现代性之先河，也即“人类平等”的最高阶段。

度身而为的自恋

在经历了20世纪60年代的政治、文化动荡之后，当然，这也显示了公众对于政治事务的关心，但随即一种普遍的疏远便出现了，这种疏远赤裸裸地体现在人们对待社会问题的态度上，体现在

① 参见 Edward Shorter：《现代家庭的诞生》，Seuil 出版社，法文版，1977 年。

全心关注纯粹个人事务这样一个必然结果上，但这却与经济危机无关。非政治化以及非工会化现象达到了空前的高度，革命的欲望以及学生抗议销声匿迹了，反文化运动也偃旗息鼓了，鲜有什么事业能够长期维系人们的热情。“共和”失去了活力，由“哲学”、政治、经济或者军事等重大命题所引发的几乎是清一色的漫不经心的好奇。不管何种事端所唤起的“高涨”都会慢慢地消退，结局便是这些问题在社会上被大范围地中性化和平庸化了。只有私人领域能成功摆脱这股冷漠大潮的侵袭，如关心健康、保护物质利益、摆脱“繁杂”以及期盼假期等。由此，一种没有理想也没有远大抱负的生活成为可能。伍迪 · 艾伦（Woody Allen）的电影取得成功便是一种象征，象征着对个人事务的超级关注。伍迪 · 艾伦本人是这样表述的:“政治手段并不起什么作用。”这种表述从另一个方面证明了这是一种全新的时代意识，是源自政治虚无的一种新型自恋。“政治的人”终结了，而“心理的人”到来了，他所在意的只是自己以及福利。

生活在现在，只是现在，而不在意过去或将来，这种“历史延续意识的丧失”，这种对“植根于过去并延续至将来的生生不息”的认同感的侵蚀，在克里 · 拉什看来，既催生出了自恋的社会，也成为该型社会的特征。如今，我们为了自己而活着，而不必顾及我们的传统以及子孙后代，历史意识由此与社会价值观、制度一样也遭到了废弃。“水门”事件、国际恐怖主义、经济危机、核恐惧、生态灾难等，引发人们对政治领导人的信任危机，滋生出一种悲观主义、一种迫在眉睫的灾难氛围，衬托出了事关“生存”的、维护心理及生理健康的诸多自恋策略的发展路径。在未来显得充满危险且不确定之际，便只有退守于现今，由此人们便不停地进行保护、

引导和培训且矢志不渝。在捎带提及未来的同时，体制也开始“贬损”过去，目的是抛弃过时的传统以及领地意识，以便建立起一个既无着力点也无遮拦的社会。在这样一个历史时刻，“集体自恋”便伴随着冷漠登台亮相了，这就是无法直面未来便只能待在绝望之中的资产阶级社会，深陷普遍危机的社会征兆。

在现代性的盛名之下，有没有什么本质的东西被人忽略了呢？依据一个神圣不可侵犯的马克思主义的传统观点，人们可将自恋划归为体制的“破产”，也可将其诠释为受到“非道德化”的影响，但“觉悟”和经济所起到的重要作用不该被忽视。事实上，当代自恋是在凄惨的虚无主义令人吃惊的缺位之际才得以形成和发展的；尽管自恋也呈现出被传媒大肆张扬及评论着的一派悲惨景象，但在浅薄无聊的冷淡的衬托下，自恋仍显得尤为突出。除环保主义者之外，谁还能一直抱有着生活在末日时代的意识呢？“死亡权”在发展着，环境灾难也层出不穷，即便如此，人们仍未产生一种凄惨的“世界末日”的感觉。人们能平静地对待从传媒中获悉的“最糟糕的事情”；人们安身立命于危机之中，而危机似乎并未能遏制人们对于财富以及享乐的欲望。经济与环境的威胁并不能穿透当今的冷漠意识。需要指明的是，自恋绝不是“我”的最后的安身之所，一个因西方的“堕落”而魅力不复存在的“我”，一个不顾一切追求自身快乐的“我”。没有新式的“消遣”，也没有束缚，新闻从未有过如此地逍遥，自恋消除了悲惨，更像是一种全新的冷淡，这种冷淡源于局部流行的对于世界的敏感，也源于对世界极度的冷漠。这便是将我们包围起来的过度饱和的新闻所导致的矛盾，大众传媒所传递的事件此起彼伏让人目不暇接，妨碍了一切情感的延续。

当然，人们决不会以各类事件及经济形势的积聚效应来阐释

自恋的产生。因此，如果自恋是好的，正如克里·拉什建议我们思考的那样，那么它便是一种崭新的意识、一种后现代个性的建构，因此就有必要将自恋理解为一种支配着社会运转的各种进程合力的结果。自恋作为个体，它有一种紧凑一致的新形象，它不可能源自一些个别事件的随意堆砌，即便这种堆砌伴有一种神秘的“认知”。实际上，自恋的出现源自一种普遍化的、虚无的社会价值观与社会信仰，而这类虚无则是个性化进程的产物。对涉及意识的重要体系的疏远以及对“我”的超级关注，这二者是相辅相成的。在一些倡导娱乐、福利和非标准化的“人性化”的体系内，一切都是为了促进一种纯粹的个人主义的发展，换而言之，即为了一种不再受制于大众且力求广泛突出主体的心理上的个人主义的发展。这便是消费革命及其享乐主义的伦理，该伦理通过悄悄地微型化个体，通过将个体深层意识中的社会信仰慢慢地掏空，来实现心理与社会现实的嫁接，而这也成为大众的一种新的特有的行为方式；“物质主义”在富足社会里日趋盛行，它让一种文化的出现成为可能，匪夷所思的是，这种文化的核心在于利用可加选择的孤立来实现主体的膨胀，而非借助于反作用或者“灵魂的补充”。在一个迷恋纪律命令的社会里，一个由消费所推动的私有化体系日臻完善的社会里，精神和肉体上的“人之潜能”的思潮仅是这种社会的绝唱，而不是那魅力不再的“认知”衍生品，自恋是个人享乐主义逻辑在社会蔓延的一种结果，它受到了客体与符号世界的推动，也受到源自 19 世纪的作为心理病理学范式的心理治疗逻辑的推动。

幽灵与心理

在信息革命的同时，后现代社会也经历了一场“内部革命”，这是一种大规模的“认知运动”，是对自我完善及自我认知的史无前例的迷恋，表达与沟通技术、东方禅学以及形体操等一类心理咨询机构的大量涌现便是证明。20 世纪 60 年代的政治敏感性已经让位给“医疗敏感性”，甚至连某些对现状不满的前领袖人物中的强硬分子也折服于“自我剖析”的魅力，如雷尼·戴维斯（Rennie Davis）[①] 抛弃了激进的斗争，目的是为了追随精神领袖马哈拉志·济 (Maharaj Ji)[②]，而杰雷·鲁宾（Jerry Rubin）[③] 则自称在 1971 年至 1975 年之间，一直热衷于完形疗法、生物能、拉尔夫按摩 (Rolfing)、按摩、缓步跑、太极、伊沙兰按摩、催眠术、现代舞、坐禅、锡瓦尔意识控制法、阿里卡疗法、针灸以及雷什疗法等。在经济增长缓慢之时，精神发展便取而代之，在新闻替代了生产之际，精神消费便成为急需，如瑜伽、心理分析、肢体表达、禅宗、情绪释放疗法、团队发展、超限冥想等；心理的膨胀与经济的通货膨胀是雷同的，而心理的膨胀对于自恋的发展又起到了巨大的推动作用。即便心理疗法沾染了肉体和东方哲学的色彩，但它仍将各种情感导向“我”，促使“我”成为世界的中心，由此便产生了一种

① 雷尼·戴维斯：美国“争取民主社会学生组织”的领袖，后来成为一名投机商人，宣扬坐禅以及自我意识。——译注

② 马哈拉志·济：起源于印度的神光使团运动的创始人，被奉为启示神的知识大师，领导着今日的人们去认识真理。——译注

③ 杰雷·鲁宾：美国 20 世纪 60 年代学生反战活动领袖，当年因化装为半裸野人进行抗议而轰动美国，另也由此出现了生活放荡不羁、蓄长发、养胡子、男女混居等嬉皮士群落，如今他在华尔街投资，成为富有阶级。——译注

全新的自恋形式，即自恋是一种“心理的人”。执着于自身的自恋并非不切合实际，它也没有过于陶醉，自恋力求实现自我解放、自立与独立这样的伟大目标，如果放弃爱情，那么理由便是“我不需要另外的人，只为多爱我自己，这样我才能让自己快乐”，这便是杰雷·鲁宾的新革命设想。

在这种心理范式中，无意识和压抑占据着一个战略性的位置。无意识和压抑是建立新型自恋的关键一环，它们通过掩盖真实的主体，实质是在布置诱饵和设置压抑底线，旨在实现一种“怂恿”，从而激发出一种难以抑制的再度征服真实自我的念头，因为“那里一切依旧，我应不期而至”。自恋是对无意识所发出的挑战的一种回应，结果便是“我”被责令要找回自己，“我”要投身到一种无止境的解放、观察和阐释的活动中去。我们承认无意识，但无意识在成为想象或象征、剧院或机器之前，它首先应该是一种怂恿因素，指向一种无休止的个性化过程，每个人都应当“说出一切”，都应当从那些莫名、妨碍主体历史延续的防护体系中解脱出来，都应当通过“自由的”联想，通过当今非语言的手段、喊叫以及释放被压抑的情感来个性化自己的欲望。另外，（性、梦、口笔误等）一些被当成边角料的东西，也都被放在性欲的主观性与意识的层面加以回收利用。无意识就这样扩大了人的空间范畴，所有的糟粕都被纳入主体的范畴。由此，无意识开辟出一条通向无限自恋的道路。全面彻底的自恋则是以另一种方式来表明心理的最新变异，即不再需要心理分析的阐释，而是需要心理分析师的缄默，以便从心理大师的话语中以及从现实的参照系中解放出来，被欲望支配的接受心理分析的人，处在一种自我诱惑的轮回中，他们只有依靠自己。当所指处在各类能指手段的下风时，当话语本身让位于直白的

情感时，当外在所指对象湮灭时，自恋便不再有任何的障碍，它可用各类激进的方式来实现自我的完善。

就这样，自主意识替代了阶级意识，自恋意识取代了政治意识，这里要提醒的是，不要把这种取代看作那绵延不绝的阶级斗争的一个缓冲，要注意的是，自恋更像是社会化的一个工具，它借助于自闭很快便实现了对公共领域的疏远，同时自己也从功能上适应了社会的孤立，而这一切只为将自恋转变为一种战略。自恋使得“我”成为一切关注的焦点，自恋致力于让个性与个性化体系所推动的微型化相适应。为了虚无的社会状态能延续下去，“我”应当成为关注的中心，但人际关系却由此而被摧毁了。不过，既然个体能够全神贯注于自己，那么这倒也无妨。就这样，通过排除社会的干扰，自恋实现了一种奇异的“人性化”，即自恋作为实现广泛“布道”的简约的手段，在一个完美的迂回中，使得“我”适应了自己赖以为生的世界。社会矫正的顺利进行也不再取决于纪律的约束与高尚的情操，而是要依靠自我诱惑。自恋作为一种弹性、自我管理的控制新技术，通过非社会化实现了社会化，实现了个体与微型化的社会现实之间的和谐，并使得流行的纯自我的全面发展也变得高尚起来。

但自恋最大的功用也许在于从“我”身上去除一些僵化的内容，于是要求了解真实自我的呼声便不可避免出现了。“我”是关注以及阐释的目标，对“我”越是关心，就会有越多的不确定与疑问。由于“新闻”导致“我”成为一面“空虚的”镜子，由于联想与分析使“我”成为一个没有答案的命题，一种开放、变幻不定的结构，反过来又需要更多的治疗与有意识的回忆。弗洛伊德所做的三大“辟谣”之一，便是对人性的狂妄自大进行“辟谣”，在一篇

著名的文章中他便以此自诩为哥白尼和达尔文，这点他是对的。面对自己固定的形象，自恋也不再是不可动摇的了，甚至是不再有形象了，仅有的便是对于“自我”的无休止的征服，这是一种非稳定化或心理漂移的进程，和币值或公共舆论一样起伏波动，自恋由此步入了正轨。新型自恋已不满足于从自身情感的投入中清除掉各类体系的影响以达到对社会现实的中性化，这次是“我”遭到清理，被从自己的身份中排除掉了，这就是超级关注所带来的矛盾。由于过度的新闻、煽动与活跃，涉及公共领域的情感也遭到了空虚化，而由于过度的关注，“我”也失去了参照和单一性，变成了一个“模糊的整体”。沉重现实的消亡随处可见，这便是“非实体化”，这便是支配着后现代性的“非领地化”的最终模样。

宽容与享乐主义新伦理也在分解着“我”，结果便是勤奋不再时髦，循规蹈矩、纪律严明受到了贬损，欲望、及时行乐受到了膜拜，一切似乎完全印证了尼采做出的当代趋势有利于“意志薄弱”这一判断，也即有利于倾向与冲动的无序化，有利于一个可等级化一切的引力中心的丧失。由此，不成体系各自为战的各式冲动导致了“薄弱的意志”，而在某种冲动支配下的协调一致的冲动则将会产生“坚强的意志”。[①] 自由联想、自发创造、非指向性以及我们的表达文化，还有我们的福利理念等，一切均在于促进发散损害集中，在于让随遇而安替代积极有为，在于肢解“我”，在于摧毁综合的有组织的心理体系。如今，所有的教师都在抱怨学生注意力不集中，这种不集中仅是冷淡、随意的新意识的表现形式之一，它与电视观众的意识完全一致，也即可对一切着迷或对一切都无所谓，

① 参见尼采：《欧洲虚无主义》，法文版，A. Kremer-Marietti，U.G.E，第 207 页。

可以同时既兴奋又冷漠，这是一种被新闻超饱和了的、可选择的、发散的意识，它与“内在坚定的”积极有为的意识正好相反。意志的终结与纯粹冷漠的时代是相辅相成的，也与一些伟大的抱负和事业的消失是一致的，而为了这些抱负和事业，曾经连生命都值得奉献。如此一来，结果便是“即刻拥有一切”，而不再是“超越障碍，飞向星际”[1]。“绽放自己”，人们常看到这样的信手涂鸦，体系倾力而为的目的就是不再有畏惧，“我”已经被分解为有着各种残缺的各种倾向，它们遵循的还是同样的发散进程，处在发散进程中的社会性如同一堆光怪陆离的个性化分子。暮气沉沉的社会现实便是冷漠的“我”的真实写照，这是一个意志薄弱，经历了信息洗礼的新幽灵。绝望是没有意义的，“意志的薄弱”并非一场灾难，不会导致人性的奴化和异化，也丝毫不会造成极权政体的上台，无所顾忌的冷淡更多地表现为一道壁垒，它抑制着历史宗教的情感以及某些偏执的企图的爆发。自恋仅纠缠于自身，图谋的是个人的成就和自身的平衡，阻塞着煽动群众的言论；如今，怂恿投机以及政治冒险的主张也无人附和了；如果革命失去了光彩，那么也不必责怪官僚主义的“背叛”，因为革命是在个性化世界诱惑的灯光下偃旗息鼓的。“意志”的时代就这样消失了，如尼采所言，这种消失没有导致任何的“堕落”。在一个实验体系的一系列步骤的布局中，有一个逻辑贯穿始终，它仰仗的是速度，要求的是扫荡“意志”，因为“意志”妨碍了自己实际的运行。一个“意志坚强的”中心，依托着内心的坚定以及固有的力量，依然是抵抗不断加速的试验的堡垒，这就是自恋的冷淡的易凋零的“我”，唯有它可以在运动中与

① 本句是引自里斯曼：《孤独的人群》，Arthaud 出版社，1964 年，第 164 页。

一个系统化、加速的试验同步发展。

自恋在清算那些与“漂移着的”体系不相兼容的“内在坚定的”僵化性之时，同时也在致力于瓦解“外在的坚定性”，在里斯曼看来，这种“外在的坚定性”是未来的一种丰富的个性，但它很快就露出真容，原来它是一种高级的大众个性，它与消费体系发展的新阶段是对应的，介于纪律性的坚强的个体（内在的坚定）与自恋的个体之间。在个性化逻辑全面重组社会生活的各个领域之际，仰仗他者支持并受到他者规约的外在坚定性也倒向了自恋、倾向了自闭，目的在于减少“我”对于他人的依赖。R. 斯奈特对此做出了部分解释，他认为“西方社会正在从一个基本上受他人左右的社会类型向一个受内心掌控的社会类型过渡”。在可加选择的各类体系的背景下，个性化不再是一种成群的或拟态类的东西，它应当深化差异并突出特异性，而自恋则表明了要摆脱受他者的驾驭并要与“消费社会”初级阶段的标准化秩序相决裂。一成不变的“我”的身份瓦解了，看别人脸色行事的时代也终结了，从各方面看来，自恋在这其中所起的作用之大，以至于可以说它就是个性化进程的代理人。

人们犯了一个严重的错误，认为可以从个性的湮灭来阐释“治疗的灵敏度”，但个性的湮灭却是由生活中的官僚组织造成的，“对内在的尊崇并非起源于个性得到了确认，而是起源于个性的丧失”。自恋的热情并非源自丧失了单一性的异化，它也不能弥补个性的缺陷，但它可产生出一种新的个性，一种不坚定的且起伏不定的新意识。尽管“我”变成一个“漂移的”范畴，既无标记也无确定性，呈现出一种纯粹的无拘束状态，它适应各类加速的举措，也适用于我们变幻不定的体制，这是自恋的价值之所在。自恋是一种永恒的

心理训练手段，为后现代试验所必需；同时，自恋还删改了“我”的逆反心理以及思维定式，这就为“我”接受矫正医生极力推崇的有益身心健康的行为模式提供了可能。鉴于此，自恋确立一种朝向“终生培训”的“精神”，这为实施一项对于肉体与灵魂进行科学管理的伟大事业提供了助力。

“我”的标签受到了侵蚀，这真实地反映了各社会角色与身份如今所经历的解体，而这些角色和身份以前都曾受到了严格的界定，也即它们处在有规律的且一一对应的状态，但此后，对儿童、男人、妇女、疯子以及有教养的人而言，他们各自的身份进入了一个难以定义的不确定的阶段，而且人们对于自己被划定的社会“类别”的疑虑也在不断地加深。另外，消除差异性的各种策略基于的是民主进程，至少部分如此，即基于推行“平等”。对此，马塞尔·戈谢明确指出：平等的目的在于借助于一种抹去可见数据的模糊化制度，来减少一切能够凸显各生命体之间的社会相异性或实体差异性的东西。[1]这便是所谓的“我”的非实体化，是它在统领着个性化的进程。如果说民主运动通过同一化个体，来侵蚀传统的他者的标记，来消除他者的相异性，而不管其他方面的明显差异，那么，自恋的个性化进程动摇的则是“我”的标记，消除的是“我”的确切内涵。盛行的心理享乐主义彻底改变了我们自己的身份；同理，盛行的平等也完全改变了人们对于相异性的理解。在所有相异的角色（如生理本能反常者、疯子、轻罪犯、妇女等）历经争议并达成托克维尔所谓的“条件平等”时，心理进程的爆发便不期而至。在社会相异性大规模地让位于同一性、差异让位于平等之际，自己

① 马塞尔·戈谢：《托克维尔，美国和我们》，Libre 出版社，第 7 页，第 83—104 页。

身份的问题，而且还是“内在的”身份问题能够浮现，不正是恰逢其时吗？由此，没有明确界限或限制的民主进程得到了空前的发展，主流的心理大潮借势涌现。在对自己的关注排挤了对他者的关注之际，民主现象便不再是命题；同理，自恋的蔓延意味着盛行的平等也虚无化了，但平等并不会坐以待毙。在解决了“他者”的问题之后（不过，如今的“他者”依旧是怂恿和盘诘的对象），平等又席卷了大地，“我”的问题得以显现；此后，真实性盖过了相互性，认识自己超越了接受他人。在“他者”的形象从社会舞台上消失的同时，一种新的“分裂”再现了，即意识与无意识的分裂，这是一种精神的断层，尽管还处在心理层面，但为了社会化能够继续下去，分裂似乎也必须要不停地进行下去。“我不是我”诱发了自恋的进程，一种新的相异性诞生了，自己与自己不再熟悉，而我所面对的也不再是一个绝对的“他者”，于是“我”的身份摇摆起来，而此时个体之间的同一性也实现了，所有的生命体都成了“同类”。分裂在迁延着，冲突通过内在化承担起一种社会整合功能[①]，但这次不是为了赢得尊严而进行阶级斗争，而是为了获得现实以及欲望的真相。

千锤百炼的肉体

如果按照 R. 斯奈特的方式将自恋与心理主义做一个比较，人们很快便遇到一个大的难题：对肉体的精心照料与呵护，让肉体成

① 马塞尔 · 戈谢：《托克维尔，美国和我们》，Libre 出版社，第 116 页。

为一个备受尊崇的明确对象。对肉体这种明显自恋性的关注表现在频繁的日常行为之中，如苦恼于年龄与皱纹，纠缠于健康、“线条”与卫生，热衷于一些检控（体检）和保养（按摩、桑拿、运动和保健食谱），迷恋日光和治疗（导致对医疗护理以及药物的过度消费）等。不可否认，社会对肉体的反应也经历了变迁，其深度堪比对“他者”所做的反应，“他者”触动了民主社会，自恋也由此而生。与他人之间相异性的消失成就了生命体之间同一性的盛行，同样，为了实现与生命主体、与“人”的同一，肉体也失去了相异性、客观实体性以及无声的物质性。肉体不再是一种下流，也不再是一部机器，它是我们深层次的身份，身体上没有什么地方是可羞耻的，因此在沙滩上或者在演出中，人们便可以裸露身体以尽显其天然本质。肉体像人一样赢得了尊崇，人们必须要尊重肉体，并且要不断地关注它以使之处于良好状态，要勤加运用肉体以防止退化，轮流使用手术、运动和膳食等手段以掩盖衰老的征象，因为“有形”衰老已让人所不齿。

克里·拉什就此指出，现代对衰老和死亡的恐惧也是自恋的成因，而对下一代的漠不关心则更是强化了对死亡的焦虑。上了年纪以后，生命机能便要退化，而且也将不再被人看重，不再有人艳羡自己的美丽、魅力及敏捷了。如此的境遇，让人对即将到来的衰老处境无法容忍。事实上，通过系统排除所有超验的立场，个性化进程制造出一种纯现实的生活方式，这是一种既无追求也无意识的彻底的主观性，青睐的是令人目眩的自我诱惑。封闭于信息隔离圈内的个体，自此以后没有了任何“超验的”（政治、道德或者宗教的）依靠，以应对死亡的宿命。尼采曾经说过，人们所抗争的真正意义上的痛苦并非自身的痛苦，而是一种莫名的痛苦。死亡和衰老成为

痛苦，而如今的莫名状态则更加深了人们对它们的恐惧。在一些个性化的体系里，此后便只有善待、保养肉体，以增加肉体的可靠性，以便争取时间、赢得时间。肉体的个性化需要年青、需要与现世的逆境做抗争，而抗争的目的在于保持我们的身份，使之既无间断也无故障。保持年轻、拒绝衰老甚至成为一道命令。这是纯功能性的命令，是循环利用的命令，是非实体化的命令，旨在清除岁月的痕迹，消除年龄引起的不和谐。

与所有重大的二元对立一样，肉体与精神之间的二元对立也变得模糊了；个性化进程，在此特别表现为心理主义的扩张，它淡化了僵化的等级和对立，混淆了确切的身份与界限。心理化进程作为非稳定化的一个成因，在其波及范围内，在一个普遍化的不确定性之中，让所有的衡量标准变得游移不定且起伏不定。这样一来，肉体便不再拘泥于与一种非宇宙的意识相对立的物质实证性的地位，一如梅洛–庞蒂（Merleau–Ponty）所言，它成了一种“主体—客体”，一个难以解决的范畴，一个飘忽的意识与感觉的混合物。肢体的表达、现代的舞蹈[如尼古拉伊斯（Nikolaïs），坎宁安（Cunningham），卡罗林 · 卡尔逊（Carolyn Carlson）的舞蹈]、欧托尼（Eutonie）①、瑜伽、生物能、拉尔夫按摩 (Rolfing) 以及完形疗法等让人目不暇接，那么肉体到底要何去何从呢？肉体的范畴在不断地扩展着，其界限也变得模糊不清；“意识运动”是一种对肉体同时也是对主观力量的再度发掘。心理学的肉体取代了客观性的肉体，恢复肉体自身的意识成为自恋本身的目标，即要使得肉体为自己而存在，要激

① 欧托尼：德国人格尔达 · 亚历山大（Gerda Alexander）于 20 世纪 30 年代发明的一种运动，即通过保持身体的适度紧张以达到一个理想的状态。——译注

发肉体自主自反性，要重新赋予肉体以内在性，这才是自恋的意义所在。如果说肉体与意识在进行着互换，如果说肉体与无意识一样也是一种表述，如果肉体也需要表达、交流、倾听和爱戴，那么由此也就产生了一种从内部来再度发掘肉体的意愿，也即对肉体特异性进行一种歇斯底里的寻找，这本身也是自恋，它是肉体心理化的动因，是借助当代一切表达、集中与放松的手段以实现肉体主观性的一种工具。

R. 斯奈特谓之人性化、主观化是有道理的，肉体在各种“指导模式”的帮助下，自身成为一个主体，一个进入解放轨道里的主体，更是进入革命轨道里的一个主体，而这种革命肯定是性方面的，但同时也是美学、营养学和卫生学等方面的。这表明：我们正处在一个“个性的文化”之中。[①]但不要忽略的是，自恋在发挥其个性化功能的同时，也完成肉体正常化的使命。对肉体的兴趣根本不是基于自发的和“自由”的状态，它还要服从一些“线条”“状态”以及性高潮等一类的社会命令。所有将自恋作为实现非标准化的或标准化的一种机制的描述，都被自恋加以尽情发挥甚至是超越，尽管如此，此标准化仍非彼标准化，它仍要顺应个性化的一些细节要求，因为后现代的标准化是实现真正自我的必由之路，一个年轻、苗条的和朝气蓬勃的真正的自我。[②]自恋所追求的是让肉体摆脱各类禁忌以及历史的沉重感，使之能为各种社会规范所接受，随之而

① 让·鲍德里亚准确地称之为“受指导的自恋”，参见《符号交换与死亡》，伽利玛出版社，1976 年，第 171—173 页。

② 像生产、消费、教育、信息一样，规范也被纳入个性化进程，通过幽默喜剧片以及讨喜的广告，统制或专制的规范让位给了指示性的弹性的规范，让位给了“实践建议”、定制疗法、新闻造势运动。

来的便是肉体的狂欢，也就是心理的膨胀。在“我”非实体化的同时，肉体也非实体化了，不过不再是遵循从前的苦行的逻辑，即不再利用制造稀缺性来清除原始和静止的肉体存在，而是恰恰相反，依照一种饱和的逻辑，通过新闻轰炸以及规范来进行非实体化。自恋，通过对肉体近乎苛刻的关注，通过对肉体最佳机能的不间断关注，瓦解了“传统”的抵抗，从而可以支配肉体进行一切的体验。自恋也即这般行动起来，它清肃了环境，借助饱和实现了空虚，摧毁了不受规范所左右的核心堡垒，一切是那么地自然，用 R. 斯奈特的术语表达就是：自恋渐露端倪的背后是“公众的角色受到了侵蚀”。也就是说，要对所有的习俗、技巧和惯例加以冷待，因为它们“即便不是矫揉造作，也是某种干巴巴、生硬的且流于形式的东西”，而且还对“我”的真实内在的表达形成了阻碍。如此一来，肉体和意识一样也成为一个飘忽的空间，一个迁移的范畴，且任由“流动的社会”摆布了。尽管这种论点有一定的合理性，却无法解释惯例化的对于肉体的狂热崇拜，如果自恋确是由疏远的浪潮而引起，那么被波及的应该是那些“崇高的”价值观与抱负，而根本不会涉及社会角色和惯例，但非常奇怪的是，斯奈特对此却一言不发。自恋是对惯例的一种“超级关注”，绝不是对社会现实零关注，它是一种全新的对灵魂和肉体的社会控制形式。

谨慎的舞台

R. 斯奈特“对非个性的道德谴责”，意味着社会角色受到侵蚀，个性统治的时期开始了，也即心理形态的文化开始了，当代渴求

“我”的真实或准确本质的困扰也开始了。自恋不仅标示出一种对自我意识的热情，还表明一种对揭示“我”的内心的热情，现实中蓬勃发展的传记及自传或心理化的政治语言都证实了这一点。惯例为我们所压制，而“非个性的问题，只有当我们错误地从个性的视角来审视它们的时候，才会引起我们的兴趣”；一切都应当被心理化，应以第一人称来表述，要自我介入、昭示自己动机，要随时释放个性与情感，表达内心感受，一旦做不到这些，人们便陷入一种不可原谅的劣行之中，它寒冷而莫名。在一个以心理的尺度来衡量的、“体察入微”的社会里，正如里斯曼所点评的那样，真实性与可靠性成为主要的道德，而被内在的自我所湮没了的个体，感觉到越来越无法“扮演”自己的社会角色。于是，我们成了“没有演技的演员”。自恋纠缠于心理上的真实面目，弱化了人们驾驭社会生活的能力，口是心非由此变得不可能了，“由于致力于让外在表现与内在本质相同一，将情感表达问题与情感真实性问题相联系，人们因此出现表现性不足的问题”。个体越要摆脱习俗与惯例来寻找真实的自己，个体之间的关系则越发“相互算计”、难以交往，悖论的出现自然难以避免。对直系以及近朋的诉求越多，人们则越不堪承受对他人倾心嘱托的辜负。因此，体察入微是专横的，是“不合礼貌的”，应当要尊重别人的私生活，也应当要与他人保持一定的距离。“礼貌是捍卫别人的‘我’，使其能乐与他人相伴的一种活动。而加以掩饰则是礼貌的精髓……掩饰越多，则将有越多的高雅的精神面貌得以复兴，高雅的爱也是如此。”人与人之间的关系准则要求有一些壁垒以及一些普遍的规则，只有如此，方能保护好彼此；反之，淫秽的私生活则会大行其道，生机勃勃的社群便会化为乌有，人际关系则成为“破坏者”。公众角色的淡化以及对真实

性的强求产生了一种不礼貌，这种不礼貌有两个表现：一是通过将自我封闭在与世隔绝的舒适的内心，并拒绝与城市里的“陌生人”建立无谓的联系而表现出来的；二是借助于降低对某个群体的归属感，并相应地凸显一些排斥现象表现出来的。阶级意识不复存在了。由此，在街区范围内，出于共同的宗教信仰或情感，人们友好相处，“越来越多的共同行动是排斥行为，或截然相反，是归并行为……博爱所团结的仅是一个经过挑选的团体，而拒绝一切与其无关的那些……内部的支离与分歧便是现代博爱的结果”。

我们可以直接表明，自恋弱化了情趣，它与“角色”这个概念不能并存，但这样的断言却是站不住脚的。当然，僵化的惯例束缚了人们的行为，因而受到了旨在取消各种规约、软化各类严格限定的个性化进程的清理。从这个意义上说，个体拒绝接受“维多利亚时代的”限制并渴望得到更多的真实与自由是确切无疑的。但这并不意味着个体能天马行空，不受任何社会规章的约束。个性化进程不能废除规约，但可借用一些新的规则以使其意义不再，这些新的规则主旨在于精确塑造一个心理平衡的人。也许可以知无不言，但不要歇斯底里，说您想说的，但不要付诸行动；重要的是言论自由，即便言辞尖锐，但有助于抑制肢体暴力的发生；过分关注内心的活动，则就相应疏远了肢体暴力，这种视线的转移，使得心理“脱衣舞”成为谋求社会和谐及控制的一种工具。真实性不仅是一种实在的心理现实，它还是一种社会价值观，任何地方的自由主张都是受限制的。因此，张扬自我也应当要遵从一些新的规范，心理分析师的诊所、在电视上抛头露面的政治人物的文字风格或“亲切的微笑”等莫不如此。不管怎样，真实性应当回应我们对它的期待，且要与惯常的特征一致，过于洋溢的表现、太戏剧化的话语不再有真

诚的效果，表达真诚应当采用一种淡漠的、热情的和交流的风格，太过或者不及，便是小丑，便是神经质。在一个预设的框架内，要求无保留地、畅通无阻地表白自己（就这点，稍后要进一步细化）。寻求真实性而非自发性，这并非自恋在退步，但是进步也并不能一蹴而就。日常生活中层出不穷的小“伎俩”以及劳动领域内的尔虞我诈与“弄虚作假”表明，掩饰的技艺以及伪装丝毫没有失去市场。面对死亡，诚恳是绝对被禁止的，人们应当对于濒临死亡的人隐瞒真相，而当亲人去世之时，人们也不必表现出痛苦并假装“冷漠”，[1] 阿里埃斯（Ph.Ariès）说，“谨慎看起来是当代维护尊严的一种形式”[2]。自恋并非情感的自由奔放，而是自我隔绝，也即“谨慎”，是“自我控制”的工具以及符号，尤其不要过度，不要洋溢，不要紧张，以免外露自己，这就是自我封闭；“有所保留”或内向化成为自恋的特征，而非“浪漫的”显摆。

心理主义不在于鼓动排斥或者制造宗派主义，而是相反，它在于缓和由于个性化所造成的矛盾、贬逐以及僵化的对抗。宽容主义战胜了道德主义或者纯洁主义，冷漠也凌驾于狭隘之上。太沉湎于自我的自恋放弃了宗教争斗，不再关注那些伟大的教义，它所在意的是那些捉摸不定的且没有什么堂皇理据的个人生活方式。个性化造成人们对于冲突的冷淡，促进“缓和”。在个性化的体系内，分裂与异端不再具有什么意义。由此，在一个“重视演出者的主观感受并淡化行为的客观特征”的社会里，对行为以及教条的非实体化进程开始了，而且效果立竿见影，政治上的以及意识形态上的缓解

① 菲利普·阿里埃斯：《西方死亡历史随笔》，Seuil 出版社，1975 年，第 187 页。
② 同上，第 173 页。

局面出现了。与倡导排斥的教条主义相反的是，为了实施心理诱惑而让“内容”中性化了的体察入微，在让冷漠普遍化的同时，也让一项和解的策略得以实施。

“在人际关系中，越体察入微，则让人越痛苦、越难以交往、越相互算计”，考虑到主体之间的这些关系，斯奈特的结论则就没有说服力了。礼仪习俗怎能阻止人们相互诋毁、相互残杀？公众文化又怎能轻视残暴与仇恨的情绪？意识争斗只在钩心斗角的时代才能获得极大发展？显然，一种与冷淡的自恋明显背离的且幼稚的善恶二元论（掩饰等于文雅，诚恳等于不文雅）是没有说服力的。那么，针对这种戏剧化的冲突，只存在着两个问题：“是谁造成这样一种不幸的局面？又是谁将这变成我们时代的主流理念？”

现在是末世吗？

克里·拉什所作的悲惨实录，是一种直截了当的末世论；社会越是展现宽容的形象，冲突实际上也就是越激烈、越普遍。就这样，人们从阶级斗争的形式过渡到“所有人针对所有人的斗争”形式。经济界充斥着一种纯粹的竞争，它不具有任何的道德或历史意义，对“自我奋斗而成功的人士”以及对财富的崇拜，曾经作为个人与社会进步的标志，而如今这已经结束了，自此以后，“成功”所具有的只是一种心理意义，“对于财富的寻求没有别的目的，仅是激发敬仰和嫉妒”。在我们自恋的体系内，为了获得提拔，每个人都要奉承上司，大家都渴望被人所妒忌，而不是受尊敬。我们的社会不关心未来，我们的社会像是一片官僚主义的丛林，这里

是弱肉强食的世界，其中盛行的是所有人针对所有人的竞争与欺诈。私生活本身不再是一个避难所，其中也呈现着这种广泛争斗的态势，部分交流专家从中总结出一些心理特征，用于确保个体能在这混沌的状态中占有一种支配的地位，而一些新的策略，如“断定疗法”，则试图让主体从焦虑、罪责和卑微的情感状态中解脱出来，以免被对手加以利用达到自己目的。人类的公私关系成为主导性的关系。这是以冷淡诱惑及恫吓为基础的冲突性的关系。在新女权主义的影响下，男女之间的关系最终也遭受到了极大的破坏，这种关系不再有维护谦恭礼貌的和平规则。马斯特斯（Masters）、约翰逊（Johnson）、凯特·米利特（Millett）以及雪儿菲（M.J.Sherfey）等人的研究表明，女人似乎是“难以满足的”，有性需求，让人极度兴奋、眩晕的女性，对男人而言，是一个危险、可怕的伙伴，一个制造焦虑的装置，“性无能的梦魇充满当代人的脑海”。最新的报告表明，随着对女性恐惧感的加深，随着性放纵的蔓延，男性的这种无能感也在增长着。在这种背景下，一种不可遏制的对女人的仇恨便油然而生，利用影片中不断出现的性侵犯场景来治疗性无能证实了这一点。而与此同时，女权主义也通过将男人视作敌人、视作压迫与失望的源泉来激发女性对男人的仇恨；对男人的要求总是多多，而男人则对此无力应对，于是，仇恨和诘责弥漫在我们时代特有的“性冲突”之中。

克里·拉什抛弃了里斯曼以及弗洛姆（Fromm）的理论，在他看来，这些理论的错误在于夸大了宽容社会对侵犯冲动进行社会化的能力，克里·拉什所做的仅是重新主张通过主流的大众传媒来展现当今世界中升级的暴力，如国际恐怖主义、犯罪、城市里的治安恶化、街头和学校里的种族冲突、持械抢劫等，让人感觉似乎战争

蔓延到了我们的家门口，我们生活在火药桶上。官僚主义、迁延的幻想、治疗的理念、消费崇拜、家庭的变迁、宽容的教育等为个性发展搭建了一个舞台，自恋和越来越野蛮、越来越冲突的人际关系得到共同的发展。由此可见，霍布斯 (Thomas Hobbes)[①] 的自然状态是一种历史的概括。表面看来，个体变得越发善于交际、越发合作了，但在享乐主义与关怀的表象之下，每个人却都在恬不知耻地利用着别人的感情以寻求自身的利益，而丝毫没有关注子孙后代。自恋这个令人费解的概念，显得如同是一种全新的心理构架，而实际上，自恋却受到“自爱”以及需要被认可的困扰，正如霍布斯、卢梭和黑格尔等人所观察到的那样，它们才是冲突事态的制造者。如果自恋展现的是个人主义的一个新阶段——在现今美国人的研究中，这种假设的价值远胜于实际内容，只是太倾向于一种过于简单的悲观主义，那么，与之相伴出现的就是一种与“他者”的独特关系，一种涉及肉体、时间以及情感等的全新关系。

主体间的这种演变已是极为明显，它波及公众以及私人领域。相对于心理个性的上升势头，处于优势地位的公共交际以及为博得明确的认可而进行的抗争已开始渐消渐散。自恋通过冷对社会等级与阶层分化，通过克制自己显摆、招摇的欲望，从而和缓了那弱肉强食的人类世界。人际关系中的这种无声的且深刻的革命的结果便是：成为绝对的自我、充分发展、不受任何人摆布变得重要起来，而获得成功以及赢得荣誉变得魅力不再，人际的敌视逐渐过渡为一种中性关系，“他者”不再厚重也不再是敌对的与竞争性的，“他者”只是“冷漠的”，一如彼得 · 汉德克（Handke）以及维姆 · 文德斯

① 霍布斯（1588—1679）：英国哲学家。——译注

（Wim Wenders）作品中的人物所表现的那般。似乎是一种必然，在一个建立在心理个体之上的社会里，对“他者”个人问题的兴致以及好奇心日渐浓烈起来，即便对象是陌生人（《心灵信使》、吐露心声的电台节目、传记等大获成功便是例证）。而“他者”，作为一个无名的参照物，被改作他用了，同样如此的还有各种制度以及高尚的价值观。当然，社会抱负的模糊化并非对所有人都一样，对于一些阶层（企业领导以及管理者，政治人物、艺术家以及知识分子）来说，为了赢得声望、荣耀或者金钱，整个阶层仍在顽强奋斗着。上述现象同时也表明，只有某些所谓的社会“精英”团体才拥有延续某种社会竞争思潮的大小不一的特权，当然这也为社会发展所必需。与之相反，对于数量不断增长的个体而言，公众领域不再是“野心家”绽放激情的舞台；人们只想获得与众不同的发展、融入一些热情的或友善的圈子，而这些圈子则成为自恋的心理仆从和特权分支；个体间公共关系的失宠，并不只是造成不与人来往的孤僻，它还促成对私人空间的情感关注，情感关注尽管变化无常，但并非没有实效。在这种情况下，通过打消对博取认可的渴望，通过弱化对获得社会提升的愿望，自恋以这样一种方法，从内部来进行境遇平等化的进程。“心理的人”渴望的不是提升自己、超越别人，而是渴望生活在一种宽松、沟通的环境中，在“惬意的”氛围中，而无须出类拔萃，无须过多抱负。对人际关系的尊崇使得社交形式也个性化或心理化了，它化解了妨碍人类的莫名的最后的隔阂，因此，它也是一个旨在持续瓦解社会距离感的革命因素。

为获取认可而进行抗争自然是不会消失的，确切说来，在狭小的圈子里，在人际关系的问题上，这种抗争已经演变成为纯个人的事情；对于获取认可的期待也被自恋逻辑所左右、所细化，由此这

种期待变得越来越疏于竞争，但却越来越具有美学、肉欲和情感的色彩。意识冲突也具有了个性化色彩，目的不在于社会层次的划分，而在于对快乐与诱惑的期待，在于对尽可能长时间地被倾听、接受、保护和爱戴的期待。这也解释了为何在如今的社会冲突、社会关系及人与人的情感关系中，较少见到支配、奴役以及侵犯等现象的原因。一方面，是因为自恋自为、公众场合及个人举动都呈现出日趋平和的态势；另一方面，则是由于私人空间也被心理化了，它失去了往日的基础，形成一种对自恋的依赖，每个人都在这种依赖中寻找着自己“渴望的”东西，但自恋并不意味着他人权力的丧失，而意味着社会与个人的实体性将逐步被标注在有关主体性的惯例中。

新女权主义尽管发表了一些轰动的战斗檄文，并呼吁要进行总动员，但却无法从自己的角度来获取这激烈但终归浅薄的性别之战的真相。在目前的情况下，有关力量的分析或许可以为两性间的关系做出界定，但这或是为传统的两性划分而上演的最后的惊悚一刻，或是作为这种划分即将不复存在的一个迹象。冲突的加剧并不重要了，因为这类冲突可能只发生在被女性解放所动摇所困惑的“中间代”人身上。女权主义拒绝一切预设的前提，它通过激发一种对于女性“本质”及其地位的系统探究，来寻找女性失去的身份、动摇已确立的性对立、打乱固有的标识、终结古老的人类学划分以及与之伴生的冲突等，实际上这样的行动已经开始了。但这并非性别之战，而是惯例化下的性对立以及“性范畴的终结”。女权主义越是考问女性的存在，女性的存在则是愈发地模糊和不确定，越是要打破传统对女性地位的禁锢，男性的身份特征也就愈发地淡化。相对均质的性别阶级不复存在了，取而代之的是越来越偶然的个体，一些主动与被动的联合体以及无数混杂的生命体，它们都不

再具有强烈的群体归属感。个人身份成为命题，新女权主义的基本主旨便是超越已确立好的关乎性别范畴的各种对立而成为真正的自己。即便用一些同仇敌忾的言论成功组织起妇女们去参加战斗，但结果发现关键并非在此。于是，妇女们便又联合起来，她们到处谈论、探讨并著书立说，想通过这种自我意识的努力以厘清自己团体的身份、反省自己之前自恋的主张以及连弗洛伊德都一直嗤之以鼻的“肉体的虚荣”。女性神秘而歇斯底里的诱惑让位给了一种两性共有的自恋的自动诱惑，一种与性别比例无关的“跨性别的”基本的诱惑。性别之战将不会再有，因为，女权主义并非一部战争机器，它更像是一部实现性别非标准化的机器，一部致力于大规模复制自恋的机器。

24000 瓦特

在个人对抗全体的战争中，出现了由惩罚性、坚定的“超我”的发展所引发并扩大的内部争斗，这种内部争斗源自家庭的变迁，如父亲的“缺位”以及依赖心理教育专家和顾问的母亲。因频繁离婚而“消失”的父亲，使得儿童把母亲想象成为阉割版的父亲，于是儿童便幻想着通过获取声望或模仿成功人士来取代父亲或拥有男性生殖器。宽容的教育以及父母的作用日益社会化，使得家庭权威的内在化变得困难了，然而这并不能摧毁“超我”，反而将“超我”的内涵朝着一种越发“独裁”与冷酷的方向去改变。“超我”实际上是以博取声望及成功的命令形式表现出来的，如果不能实现，那么它则会不可避免地引发对“我”的批判。杰出人士、明星以及偶

像们所展现的魅力不可阻挡，再经由媒体的添油加醋，更“加深了对声望与荣耀的自恋性的渴望，怂恿普通百姓去效仿明星，去厌恶同类，从而使得人们越发难以接受那平淡无奇的日常生活”。由此，美国成为一个“崇拜者”的国度。与心理学顾问摧毁了父母对自己教育能力的信心并加深了他们的忧虑一样，与名流人士联系在一起的幸福观则滋生出了怀疑和焦虑情绪。自恋社会衍生出了一些远大的抱负，一些不可能实现的抱负，导致了人们去诋毁与蔑视自己。享乐主义社会催生出表面上的容忍与宽宏，但事实上，焦虑、不坚定以及挫折感却出现了前所未有的大面积的蔓延。自恋更多的是源自对“我”的恨，而非对它的崇拜。

那么，名人崇拜呢？世上的红人与大人物们所受到的尊敬减少了，但这意义深远。电影“明星们”的命运与一些伟大的政治领导人及“哲学”思想家们如出一辙。有知识、有能力、让人肃然起敬的人物风光不再了，因为他们被个性化的进程所风化了，因为个性化进程让人无法长时间容忍如此露骨的不平等以及如此明显的距离感。由此，人们见证了心理分析的崩溃，见证了历史巨擘的终结，见证了可为之自杀的明星们的落幕，取而代之的是大批名不见经传的思想大师、沉默的心理分析师、群星争辉的夏季以及可推心置腹的政治人物。一切能给人以绝对感、让人高山仰止的东西都不复存在了，名流们失去了光环，不再有强大的煽情能力。明星们不再能够长期走红，新“崭露头角”的人物遮蔽了昨日明星们的光芒，这其中便是个性化的逻辑，它与倾力制造没有个性的大人物的流习是格格不入的。明星、精神领袖们的过时与客体的过时是同步的；在“一流人物”的轮换中，个性化则代表着丰富与加速，任何人都不再能够成为偶像、成为“大腕”。伴随着个性化进程的是泛滥的人

物形象与声望，伴随着“人性化”到来的是飞速膨胀的时尚。因此，“名人”越来越多，但人们对其情感关注则是越来越少；个性化的逻辑催生出了对于偶像们的一种冷漠，一种短暂的迷恋和随之而来的疏远。当今时代不再景仰“他者”，而是崇拜成就以及自我塑造，这意味着每个人都可以采用各种方式来随意表达自己，如环保运动、女权主义、心理文化、扮酷的儿童教育、“实践”时尚、断续或兼职工作等。

与众不同的虚幻的显赫人物被非实体化了，与此同时，依据同样的积聚与加速的进程，现实也被非实体化了。现实应当舍弃其相异性或蛮荒厚重的一面，于是乎，古街修葺、景点保护、城市亮化、人工照明、“景观模拟”以及气温调节等行为出现了。一切旨在净化现实，使之免受责难，使之变成一个没有阴影的、开放的和个性化的空间。透明的原则替代了真实的原则，透明原则改变了现实，将现实变成了一个中转地，一块传递命令的领地。由此可见，个性化是一种实现流动的手段。人们不得不持续逃离现实的现象说明什么呢？气温的调控、泛滥成灾的新闻，让现实变得令人窒息并必然要使之步入周期性的流动，不管流向何处，只要流动便可，“换换空气”表明了这种冷漠，现实自此以后也受到了影响。我们整个城市以及技术环境（地下停车场、商品展览馆、高速公路、摩天大楼、城市中消失的公共场地、喷气机以及汽车等）可谓一应俱全且调配得当，为的是减少羁绊，加速个体的流动，社会因此而支离破碎了，结果便是“公共空间变成了这种流动的一个衍生品”，我们的景色“受到速度的侵扰”，失去了常态性或者真实性，保罗·维利

里奥（Paul Viritio）如是说。[①] 流通、新闻、启迪都在于让现实变得空泛，而这种空泛又强化了对自恋的关注，因为一旦现实无法居住，还有自我可供容身，这是一个通过音响、“可穿戴受话器”、摇滚音乐会等新时尚所凸显出来的、自给自足的容身之所。通过声音的力量，世界被中性化了，于是人们可以自我封闭起来，在播放机的韵律中沉迷不醒并感受自我。自此以后，人们需要用音乐来陶醉以忘记外部的现实，而生活中的声响与嘈杂则变成了“噪声”。随处可见的慢跑以及滑雪爱好者们在进行运动时，立体声耳机紧扣双耳，汽车也都安装了 100 瓦功率的扬声器，迪斯科夜总会扬声器的功率则达到了 4000 瓦，摇滚音乐会则达到 24000 瓦。一如《世界报》最近报道的那样，文明制造出了“耳聋的一代人”，一些年轻人已经失去了 50％的听觉功能。一种新的对于世界的冷漠出现了，即凝视自己也不再有欣喜；如今的自恋，在扬声器、耳机的包围中，“宣泄”着自己，在人为的“庄重低沉”的声音中寻求着满足。

空虚

“如果只有我能感受到，那该有多好啊！”这种表达流露出的是一种“新的”绝望，它折磨了越来越多的人。心理专家对此似乎持普遍的赞同观点，因为，二三十年以来，自恋类型的精神紊乱已经成为精神科医生们所治疗的心理障碍的主要病因，而作为 19 世

① 保罗·维利里奥：《阈下的舒适》，Traverses 期刊第 14—15 期，第 159 页。另关于“流动性的束缚”，见维利里奥：《速度与政治》，Galilée 出版社，1977 年。

纪心理分析“经典的”对象的神经官能症、癔症、恐怖症以及强迫症等，都不再是主要形式的症候。自恋障碍表现出来的不再是“症状明确而又显著的障碍”，而是“性格障碍”，特征是一种弥散的和咄咄逼人的不满，一种内在的空虚感和生活的荒谬感，无法感知事物与生命。在宽容社会的推动下，与专断且清戒的资本主义相吻合的神经官能症状让位给了无定形的、间歇的以及自恋的精神紊乱。患者承受的不再是一些固定症状的折磨，而是一些模糊且发散的障碍，精神病理学于是也遵从时代的规律，趋向于减少僵化性以及消解一些固定的标识，由此，自恋的游移取代了神经官能症的抽搐。到了迟钝与情感空虚这一步，非实体化便走到了尽头，自恋进程的真相得以大白，这便是空虚的战略。

克里·拉什还指出，鉴于当代人际关系面临着的不稳定的危险，个体越发企盼的便是实现情感上的游离。人际关系不要太深厚，不要感情脆弱，要发展自己的情感独立性，要独自生活，①这是自恋的写照。害怕失望，害怕感情无法控制，这些害怕从主观方面证实了克里·拉什所谓的“情感逃避”，这一过程可以从内心的自我保护以及规避中得到体现，这是一切“先进的”意识形态都想实现的性与情感的分离。推崇“冷酷”的性以及自由关系，而谴责忌妒心理以及强烈的占有欲。事实上，调整对性的看法，将性从所有造成情感紧张的因素中排除，以达到一种冷漠、超脱的状态，不仅是为了保护自己免遭失望的爱情之苦，也为了保护自己免受那威胁

① 1970—1978年间，完全生活在家庭外的14—34岁的独居美国人的数量增长了2倍，从100万人增长到300万人。“如今，20%的美国家庭是一个人生活……，将近五分之一的购物者是单身。”见阿尔文·托夫勒（Alvin Toffler）：《第三次浪潮》，Danoël出版社，1980年，第265页。

到内心平衡的自身的情感冲动。性解放、女权主义以及色情都旨在达到同一个目的，即树立壁垒以遏制情感并将自己置身强烈的情感之外。情感的文化、皆大欢喜的结局、曲折波动的情节都不复存在了，一种“冷漠”的文化出现了，其中每个人都要在冷漠的掩护下生活，为的是规避自己的激情以及别人的激情。

的确，克里·拉什有理由强调“情感”时尚的退潮，它被性、愉悦、自立以及壮观的暴力所取而代之了。多愁善感与死亡有着同样的遭遇；连展现自己的激动，热烈表白自己的爱情、哭泣以及过于夸张地表现内心的波动如今都变得令人不自在。谈及多愁善感就像谈及死亡一样，让人难以启齿，在涉及情感时一定要镇定自若，也即是审慎。“情感禁人”是个性化进程的一个结果，在情感方面，个性化进程要努力根除那些露骨的、仪式性的表现情感的信号，而不是彰显自己是一个莫名的非人性化进程。情感应当通过清除那些一成不变的意群、生动的戏剧性以及惯常的媚俗来迎接个性化阶段的到来。羞耻感的存在是出于一种经济、适度原则的要求，而这也是个性化进程的组分。由此，我们时代的特征并不是要逃避情感，而是要回避多愁善感的特征。个体在寻求着一种情感的游离以便保护自己免遭情感的入侵，但这种说法并非属实，在这个挤满了独立且冷漠的单身人士的苦海里，却到处充斥着交友俱乐部、“小告示”以及“网络”觅友等，所表达出来的是数以亿万计的对于相逢、相识、相爱的期待，然而这些企盼，确切地说，是越来越难以实现了。在这方面，逢场作戏要比所谓冷漠的游离更为实用，男男女女们总渴望着一种充满激情的特殊关系（也许只在这个普遍虚无的时代才会有如此多的情感要求），但期望值越高，奇迹般的融合则越

是罕见，且都越发短暂。[①] 城市里相逢的机会越多，人就越感到孤独；男女关系越是自由，越是不受传统制约，得到一种激情四射的关系的可能性则就越少。到处所见的是孤寂、空虚、难以释怀，人们难以跳跃到“自我之外”；要想靠“经验”来提前逃避这种局面，那么首先得拥有这种激情的“经验”。为何我不能去爱、不能因激动而战栗呢？自恋的不幸，在于已经规划好要完全沉湎于自己，以避免受“他者”影响，以防范失去自我，但既然对情感关系念念不忘，那么，该规划则仍是欠周全的。

① 非标准化进程加速了“奇遇”的发展，“重复性的”关系，因其迟钝与滞重，影响到了主体的自由度与鲜活的“个性”，因此要抛弃旧的情感并不断更新才能保有新鲜感。在不稳定的体系中，唯有“危险的结合”才是一种永不枯萎的结合，从高压到低压，从紧张到舒缓，周而复始，人的存在俨然就是一种压力检测仪（参见伍迪·艾伦的《曼哈顿》）。

L'ÈRE DU VIDE

第四章

现代主义与后现代主义

在最近十年期间，出现在艺术界和知识界的后现代主义依然完全不能摆脱作为某种时尚产物的处境，并注定要成为一个模棱两可的概念，但后现代主义仍然表现出了它的主要价值所在。与无数次、信誓旦旦、轰动的有关新事物出现的声明相比，后现代主义的价值在于倡导一种谨慎的返璞归真的理念，在于将当今时代从历史的角度来加以审视，在于深入阐释我们的时代；一个我们虽然得以部分脱离的时代，但从各方面看，这个时代还在发挥着作用，而且还不会引起那些散播绝对隔阂的天真的人的不快。要说这是一个新的艺术、知识和文化的时代，则有必要对先前的阶段做出一个定性总结，这也是对记忆、编年史以及系谱学提出的要求。

“后现代”这个概念至少本身并不是清晰的，因为这个概念所涉及的分析领域与层次时常难以重合。这是享乐主义文化以及先锋派的式微，还是一股新的革新力量的崛起呢？是一个没有了传统的时代的没落，还是借助对过去的反省来实现当前的复兴呢？是现代主义架构的中断，还是以一新方式的延续？是艺术历史上的一次曲折，还是民主社会的共同归宿？在此，我们排除了将后现代主义圈定在区域的、美学、认识论或文化的框架内来加以审视的做法，因为我们生活的时代，其中的各种僵化的对立都已经被淡化，各种优势都已不再明显，时代的智慧要求重视关联性与同源性。此时，如果一种后现代性出现了，那么就意味着这将是波及全社会的一场意

义深远的浪潮。以现代主义当今及以后为基础，以丹尼尔·贝尔（Daniel Bell）法文版新作中[①]的分析为阿莉阿尼线[②]，将后现代主义提升为一个完全的假设，即它是趋向一个新型的社会、文化以及个体的缓慢而复杂的过程，且这一切都是在现代主义的内部产生并发展着的，与此同时，要确立现代主义的内涵、衍生物及其主要的历史功能，廓清20世纪逐步实施的逻辑颠覆，这种颠覆只为让弹性、开放的体系优势越发明显，而这也曾是我们的目标。上述这些做法为构建一个关于资本主义基本功能的理论提供了无与伦比的支撑。与以前的《后工业社会的来临》[③]一书相反，贝尔的这本书在法国获得正面的回应，由此可见，清戒的新保守主义者言论对此还是做出了有保留的欢迎。进一步说，理论建设的不足、草率的结论、经常出现的分析混乱等，注定要对一些激励性的理念产生最严重的干扰，这点从很多方面来看都是无法回避的。但无论瑕疵如何，这种研究开辟出了一个空间，人们可以之来考问有别于经济、民主的文化所扮演的角色，来阐释因术业有专攻而造成的文化隔阂，来设法建立一种阐述发达资本主义社会艺术及生活方式的理论；支离破碎的社会知识以及我们日渐狭窄的观察现实世界的视野，促使人们要仔细验证丹尼尔·贝尔的理论，并尽可能地发展这些理论，即便明知我们与之相悖，也要坚决为之。

① 丹尼尔·贝尔：《资本主义的文化矛盾》法文版，M. Matignon 译，法国大学出版社，1979年。
② 阿莉阿尼线：在古希腊神话中，阿莉阿尼用小线团帮助忒修斯逃出迷宫。——译注
③ 丹尼尔·贝尔：《后工业社会的来临》，P. Andler 译，Laffont 出版社，1976年。

二律背反的文化

一个多世纪以来，资本主义一直被一场深刻、开放的文化危机所撕扯着，人们可以用一个词来概括这种文化危机：现代主义。这种新的艺术逻辑，仰仗的是中断与跃变，依靠的是否认传统以及求新、求变。波德莱尔率先为这种专注于新颖性与现实性的规约找到理论表达公式。对他而言，美与现代性、时尚以及偶然性是不可分割的，[1] 现代主义在 1880 年至 1930 年期间获得了长足的发展，它撼动了传统的再现空间，一种不再拘泥于写意的文风出现了，接着到来的便是先锋派艺术团体的盛世。自那时起，艺术家们便不停地破坏着那些约定俗成的表达形式与句法，猛烈抨击着正统的秩序以及学院派，这是出于对传统的恨以及对全面革新的痴迷。所有过去的伟大作品无疑都以某些方式被革新了，现行的规则也被恣意违背了，这种变化就发生在这个世纪末，成为我们时代演义中的一场革命，一次彻底的决断，是新老之间的一次了断，也是对完全另一种秩序的确认。现代主义不仅仅满足于创造一些风格上的变化以及一些全新的主题，还摧毁了我们赖以与过去相维系的连续性，并创作出一些全新的作品。接踵而来的最为明显的便是出于对现代主义的痴迷而诋毁那些最现代的作品，如先锋派的作品，这厢刚完成，那厢便已成为“后锋派”，并被打入“似曾相识”一族，现代主义禁止停驻，它要求永恒的创新并勇往直前，这便是现代主义内在的“矛盾”之处，即“现代性是一种创造性的自我毁灭，现代艺术，

① 关于波德莱尔与现代性，参见 H. R. Jauss：《论接受的美学》，伽利玛出版社，1978 年，第 197—209 页。

它不但是批判时代的产物，还是批判本身的产物”。[①] 对此，阿道罗（Adorno）则持另外一种看法，现代主义的界定并非依靠一些主动的声明和宣言，而是依靠一个无止境的“否定”过程。[②] 由此看来，现代主义对自己也是不加留情的，这便是罗森博格（H.Rosenberg）所谓的“求新的传统”，它是现代主义本身一种自相矛盾的程式，要坚决地贬损、摧毁自己所新创的，但新创的很快又沦为旧的，从而不再有任何确切的内容可以被肯定，艺术的唯一原则在于变化这一形式本身。全新变成了艺术自由的一道绝对命令。

创造性的现代主义的激烈矛盾被一个虽仍矛盾重重，但却更令人厌烦的乏善可陈的阶段所替换了。曾经以抛砖引玉的方式体现在先锋作品中的现代主义手段，如今已是江郎才尽，丹尼尔·贝尔曾精确地计算出这样的状况已有半个世纪了。先锋派不断重复着空洞，因为它不再有更高的艺术创新能力了。“否定”失去了创造能力，艺术家们只有复制、抄袭 20 世纪前三十多年的那些伟大创造，我们步入丹尼尔·贝尔所谓的后现代主义，这是艺术创造衰落的阶段，只有拼命抓住现代主义的一些规则才能赖以为继。由此，孕生出一种矛盾的文化，其目的在于不间断地制造绝对的另类，但在实施过程中，却在制造着同一与定式，一种沉闷的重复。对此，丹尼尔·贝尔赞同奥克塔维奥·帕斯的判断，即这样做似乎只是为了延迟危机时刻的到来，而多年以来对于现代艺术的否定则“是一些礼节性的重复，比如反叛变成了手段，批评则变成了粉饰，背离则成了仪式”。“否定”不再有创造性了，但这并不是说我们生活

① 奥克塔维奥·帕斯：《集合点》，伽利玛出版社，1976 年，第 16 页。
② T.W. 阿道罗：《美学理论》，Klincksieck 出版社，1974 年，第 35 页。

在艺术终结的时代，而是说我们生活在“现代艺术理念”终结的时代。[①]先锋派的枯竭既不能用“迷失的职业”，也无法用“技术社会”来解释，因为这种无意义、喊叫及噪声文化无法适应技术进程，即便能适应，它也不是“自己掌控一切意义”[②]的技术帝国的模样。贝尔的结论是确切的，在我们的社会，经济技术的改变并不能决定文化的改变，后现代主义也不是对后工业社会的一种反映。先锋派的困窘根源在于现代主义，在于一种极端个人主义、顽固到底、近乎自杀的文化，这种文化认为只有更新才有价值。后现代的萧条，根源在于一个恶性发展的文化，而否定一切稳定的秩序便是该文化的旨趣所在。

现代主义不仅反叛自己，同时它还反对资产阶级社会一切的规范和价值观，这便是发生在 19 世纪末期的“文化革命”的缘由。19 世纪后半叶至 20 世纪的艺术革新者们，并不是在延续那些在经济上处于主导地位的阶层的价值观，而是受到了浪漫主义的启发，去推崇那些建立在自我颂扬之上、建立在真实以及快乐之上的价值观，但这些价值观却与资产阶级的旨在劳动、节约、克制以及清戒的美德水火不容。从波德莱尔到兰波（Rimbaud）、雅里（Jarry），从伍尔夫（Woolf）到乔伊斯（Joyce），从达达主义到超现实主义，革新艺术家们猛烈批判了社会制度以及惯例，并极度蔑视资产阶级思想，鄙视资产阶级对金钱以及劳动的崇拜，鄙视资产阶级的苦行主义及其狭隘的理性主义。生活高度紧张、“全意识失常”、追随冲动与想象、开辟经验场等，表明了“现代主义的文化是一种典型的个性文化。它是以自我为中心，而卢梭则挑起了对于特异性的崇拜”，这种

① 奥克塔维奥·帕斯：《集合点》，伽利玛出版社，1976 年，第 190 页。

② 艾吕尔（J. Ellul）：《无意义帝国》，法国大学出版社，1980 年，第 96 页。

崇拜通过浪漫主义以及对激情的崇尚得以延续下来。但从 19 世纪后半叶起，这个过程则充满了争论，资产阶级生活的规范受到了一群过着放纵生活的、反叛的艺术家和作家愈来愈辛辣的抨击。于是，一种无节制的享乐性的个人主义出现了，它践行商业秩序曾反对的一切，结果便是“资本主义社会在经济领域内倡导着激进的个人主义，并准备消灭一切传统的社会关系，但对现代个人主义在文化领域内的所作所为害怕起来”。资产阶级引发了生产与交换的革命，但资产阶级自身发展所处的文化秩序仍是惩戒的和专断的，仅以美国为例，它的文化秩序便是一种更为明确的清戒主义秩序。在 20 世纪初，苦行、新教的道德遭受到了革新艺术家们的挑战。

在 20 世纪 20 年代的美国，彼时仅为一小撮艺术家和知识分子所专有的享乐主义活动，伴随着大众消费的出现，变成司空见惯的日常生活行为，而现代社会的文化变革便蕴含在这其中。如果人们从生活方式的角度来看待文化，那么结论便是资本主义自己才是享乐主义文化的主要缔造者，而不是现代主义艺术。在广告、时尚以及传媒的鼓噪下，尤其是直接动摇了节约原则的“信贷”制度的出现，消费品以至奢侈品大范围地流通起来。由此，20 世纪 50 年代的美国社会甚至欧洲社会便以消费、休闲与享乐为准则了，也由此，苦行的道德便开始屈服于鼓励消费、享受生活且受冲动所左右的享乐主义价值观了。“侵蚀新教伦理的是资本主义自己，而非现代主义，最大的破坏因素是信用制度的发明。从前为了购买某种东西，首先要做的便是要节攒资金，但自从有了信用卡之后，人们便可以迅速地实现自己的欲望。”现代生活方式不仅源自已有一个多世纪的由艺术家所激发出来的感悟上的变化，还因为如今已有 60 年历史的资本主义自身的深刻转变。

在大众消费以及现代主义的共同作用下，一种以自我成就感、自发性以及欢愉感为中心的文化出现了，这就是以享乐主义为“准则”的现代文化。此后，这种现代文化与经济的、政治的逻辑完全对立起来，这也是贝尔进行分析所因循的基本假定。现代社会分裂了，它失去了均质的特征，就像是经济技术、政治体制以及文化这泾渭分明的三重秩序的复合体，大家依据着不同的准则，甚至是相反的准则。这些领域“相互之间并不一致，而且变化的节奏也不尽相同。它们依据的是不同的规则。因此，不同的举止甚至相悖的行为因此都可以得到合理的解释。由于这些领域之间的不和谐，社会便产生了诸多矛盾”。“经济技术”的秩序或“社会架构”（生产、技术、社会职业结构以及财富与服务的分配）由“理性功能”所支配，也就是由效率、量才录用的领导体制、效益以及生产率所支配。与之相反，规范权力以及社会公正的基本原则是“平等”，对于平等的诉求处在不断发展过程中，它不仅涉及了法律面前人人平等、大选、公共自由，而且还涉及“生活方式的平等”（如机会的平等以及急遽增长的针对教育、健康以及经济安全等新型社会权利平等的诉求），甚至是“结果的平等”（如针对少数族群的特殊测试，目的在于纠正结果的偏差；又如，在涉及医院、大学、报刊以及社区等的功能定位时，所有人都可平等参与决策，因为这是一个民主参与的时代）。随之而来的便是“秩序的离析”，即三种相互背反的秩序如“享乐主义”“效率”以及“平等”，它们之间呈现出结构性的紧张关系。一个多世纪以来，各领域之间的离析越发扩大了，社会结构与关于“自由的我”全面发展的“二律背反文化”[①] 二者之间

① 参见《后工业社会的来临》，P. Andler 译，Laffont 出版社，1976 年，第 411—416 页。

的裂隙一直在明显地加深着。在这种情况下，便要抛弃将现代资本主义当作统一体的主流的社会学分析法。资本主义曾经受惠于新教伦理而得到了发展，经济技术的秩序与文化结合成为一个致密的整体，这有益于资本的积累，有利于发展以及社会秩序，但是伴随着享乐主义成为最高的价值观以及资本主义的合法化，资本主义失去了作为有机整体的特征，失去了共识以及意旨。现代社会的危机首先便是文化上的以及精神上的危机。

现代主义以及民主价值观

对于贝尔来说，现代主义的分析应当依据两个坚实的原则：其一是现代艺术，它被界定为自我的表达以及对于一切盛行的风格的反叛，它与关乎社会、效率以及公平这三者的主要规则均相悖；其二是这种不协调本身，这种不协调导致了人们无法用反映经济的或社会的词语来阐释现代主义的本质，“理念与形式是与以前的理念与形式的对话的结果，或接受，或拒绝”。带着对机体论以及马克思主义理论的成见，贝尔描述了民主社会异质化的功能、撕裂民主社会的相悖的逻辑、自立以及架构的不兼容性等。这些恰好是该分析的价值所在，尽管贝尔在其中罗列了大量的参数并拒绝对现代性进行简单表述，但同时，这些也是包含有众多不连贯的拮抗性命题的缺陷所在。顺应这些现象性的而非结构性的离析，人们便失去了那承载着现代文化的历史延续性，尤其是失去了将现代文化与平等维系在一起的各种关联性。因此，需要对社会学家所提出来的种种不可调和的对立加以警觉，因为只有在一个更大的历史跨度内，才

能实现对诸多中断与决裂的内涵的精确评估。用“各秩序的离析”来分析当代社会并非完全正确，因为它缺乏一种长跨度的时间性，结果便是忘记了这点：现代主义艺术与平等并不是不协调的，它们都是一种民主的以及个人主义的文化的组成部分。

现代主义并不是第一个伟大的决裂，在历经了一个世纪之久的对传统的猛烈摧毁以及极端的创新之后，现代主义便开始在文化秩序中继续自己的事业，即依照民主模式建立现代社会。现代主义仅是百年以来的这个浩大历程的一个侧面，它促进了一个以个体与民族主权为基础、摆脱了神的奴役、摆脱了世袭的等级制度以及传统的桎梏的民主社会的到来。到了18世纪末期，这个历程在政治及司法秩序上实现了尤为明显的文化延伸，日臻完善的民主革命事业确立了一个没有神、纯粹表达平等的人人向往的社会。自此以后，社会致力于以人为考量来进行彻底的自我塑造，而不再以不可触犯的、时过境迁的集体遗产为考量，社会拥有了自己确立方向的权力，没有外在的考量，也无须按照绝对的、指定的模式。与革新艺术家们进行拉锯战的“过去”，它的优势地位被废黜，这不正切中要害吗？与民主革命将社会从无形的力量及其衍生物——等级世界——中解放出来的道理一样，艺术的现代主义使得艺术与文学摆脱了对传统的遵循、对大师的膜拜、对惯例的服从。社会不再从属于外部的非人类的原始力量，艺术也不再遵循“叙述加再现”的惯例，依据同样的逻辑，一种以自由个体为根本的“自立”的秩序也建立起来了。继莫里斯·德尼（Mauric Denis）之后，马尔罗曾经这样写道：“新艺术所寻求的是颠覆客体与映像之间的关系，即客体明显隶属于画面的这种关系”，现代主义要以“纯粹的创作”（康丁斯基，Kandinsky）来走进一个有形的、声音的、感觉的世界，

它是自由的而且是至上的，不屈服于外部的规则，而无论这些规则是宗教、社会、视觉的还是文体的。现代主义和对平等的诉求丝毫不矛盾，现代主义依旧是民主革命为改变自身被动处境而采取的行动，它是民主革命以不同方式的一种延续。现代主义建立起一种摆脱了过去的、自己主宰自己的艺术，它表现了平等，它是民主文化的第一次显现，这是一种带有精英特征的脱离大众的艺术。

在这种情况下，再用社会学方法来分析艺术就有了局限性，因为它就像是在做“分类工作”，尽管它是基于合乎规范的差异化与区别化逻辑的体系。呈现艺术真实功能的是始自 19 世纪末期的现代主义历程，而非群体文化消费表现出来的有关认同与不认同的社会的、符号的约束。从历史的角度来看，并不能将现代艺术降格为一个仅局限于文化贵族社区内的范畴，它是用来提升一种自由、试验性的而且界限永远模糊的文化的手段，是一种无限、开放的创作，一种处在永恒革命状态下的符号范畴。换而言之，它是一种确切、完全在于创新的个人主义文化，同时也是一种将人们的意愿奉为至尊的政治体制。现代主义是实现个性化的手段，是文化传承的载体，是探索新素材、新意义以及新手法的工具。

现代艺术延续着民主革命，尽管有着颠覆性的色彩，但它仍以同样的方式延续着一种随处可见的个人主义文化，这体现在 19 世纪下半叶以及 20 世纪初期的诸多行为之中。在此，我们简单罗列一下，如托克维尔一再提及的对福利以及物质享受的追求，大量涌现的基于爱情的“恋爱婚姻”，新兴的对于体育运动、苗条和新舞蹈的热情，日渐加速出现的服饰时尚，还有自杀率上升以及人际暴力发生率下降等。艺术现代主义并不会导致在文化中出现一个绝对的决裂，它只是在革命的狂热中，让个人主义世界的逻辑变得更加

完善。

现代主义在本质上是民主的，它使得艺术不再囿于传统与模仿，由此一切主题都是合理的。莫奈（Manet）[1]拒绝矫揉造作的抒情，也拒绝庄严且戏剧化的搭配；绘画不再要有什么特定的主题，也无须美化世界；一个模特儿可以是矮小、猥琐的，也可以将男人描绘成非常滑稽地穿着黑色礼服和老式礼服的模样；静物可以是一幅画像，也可以是一幅素描。由于印象派画家的努力，从前鲜明的主题让位给了熟悉的郊区场景、简洁的法兰西岛的陡峭河堤、咖啡馆、马路以及火车站；而立体派画家则在油布上添加着数字、字母、纸片、玻璃块或者铁块等。既然现成的物品也可以作为艺术品，那么创作对象的选择也就绝对“无关紧要”了，杜尚（Duchamp）[2]曾经说，小便器、栅状瓶架等东西，按照博物馆的逻辑，都是可以收藏的，即便这会有损博物馆的形象。不久之后，通俗派以及新现实主义派的画家们便将大众消费的物品、符号以及垃圾都作为创作的对象。现代艺术渐渐驾驭了一切的主题与素材。由此，它被定义为一个“俗化”[3]各类作品的进程，它与民主的世俗化有着异曲同工之妙，但民主世俗化在于实现政治上的诉求、权力的含蓄化以及律法的世俗化，对于尊崇、高贵的否定仍在发挥着作用，所有的主题都处在同一个层面上，一切元素都可以进入形体和文学的创作中来。

① 莫奈（1840—1926）：法国著名画家，其作品跨越了现实主义和印象主义。——译注

② 杜尚（1887—1968）：法国人，达达派绘画的典型代表人物，有评论家将其称为“后现代主义的鼻祖”。——译注

③ 我们在此谈及的俗化进程与 H. Marcuse 赋予其的意义不一致。在《单向度的人》（子夜出版社，1968 年）中，俗化或指日常生活与高等文化中相对立的内容的融合，或指最高雅作品在社会里被大范围同化、普及化，或指杂货商店、电视、密纹唱片的社会对与现实相矛盾的有距离感的文化的清算。事实上，俗化在一个世纪前就已经开始了。

在乔伊斯、普鲁斯特（Proust）、福克纳（Faulkner）等人看来，没有什么是特别的，一切世事都是一样，都值得人们去描绘，乔伊斯在谈及其作品《尤利西斯》时曾这样说过“我想将所有一切都装进这部小说之中”，平淡无奇、琐碎、粗俗的事情以及观念联想都可以用来加以叙述，它们没有等级之分，没有被歧视，它们与重大事端是平起平坐的。通过否定各类世事之间的等级，通过将所有的主题加以整合，而无视其所属类别，至此，现代平等意义的设想与艺术创作手法完美地结合到了一起。

甚至连先锋派对启蒙时代的各种挑战也得到了民主文化的附和。到了达达主义，艺术本身自行沉沦了，它孜孜以求的仅是摧毁自己而已。它以全面的人、矛盾、创造过程、行动以及机遇为理由，来消除对于艺术的盲目崇拜，消除与艺术、与生活的距离感。超现实主义、阿尔托（Artaud）的“残酷剧场”以及机遇剧等反艺术行动，都在试图跨越艺术与生活的对立。但要注意的是，现代主义的这种目的，而非贝尔所说的后现代主义的目的，它并不是欲望上的暴动，即不是反对支离破碎的现代生活的一种脉冲式报复，它是一种坚决打破艺术神圣性并相应地将偶遇、声音、叫喊以及日常生活进行价值化的平等文化。在一个相当长的时间内，一切都受到了重视，平等文化让那些不起眼的对象及意义得以受到广泛的提炼再现。无疑，超现实主义的反叛并不单调乏味，它在追求卓越以及追求另类生活的氛围中被完整地构思，但要注意的是，这种“超现实”与纯粹的意念设想并非一回事，也不同于出逃异域的浪漫之旅，而就在巴黎的街道上或者是在跳蚤市场中，在非比寻常的与平淡的日常生活的接近与重叠中，去寻找“超现实”最令人困惑难辨的蛛丝马迹。艺术与生活就在这日常的点点滴滴中交融。随后，卡

日（J.Cage）想到了用“音乐”来表达，任何音乐会所发出的音响皆可表达，本（Ben）称之为“完整艺术”，即“无论矗立起什么，都是完整艺术的雕塑；无论听到什么，都是完整艺术的音乐；无论看到什么，都是完整艺术的绘画”。艺术高不可攀的时代终结了，它重新回到了生活中并且走上了街头，“诗歌应由所有人来创造，而不是由某个人”，过程要比结果更有价值，一切皆为艺术，民主历程让等级划分与雕梁画栋不复完整，而文化的叛逆，尽管无比虚无，但也只有通过“平等”的文化才有可能。

现代艺术家们通过激进的决裂，通过现代政治革命这种极端主义的途径，而不是通过“旧制度”特有的无声的劳动，来服务民主社会。无论艺术家们的图谋是什么，现代主义都应当被理解为革命力量在文化秩序上的延伸。革命进程与现代主义进程二者非常相似，它们都加深了现在与过去之间的那道不可逆转的隔阂；二者同样都贬低了传统遗产的价值（保罗·克利写道：“我想做一个新生儿，什么也不知道，对欧洲一无所知……，可以说是个原始人。”）；它们或以民族、平等、国家的名义，或以艺术自身、“新人类”的名义，醉心于新时代，甚至将新时代捧上了天；它们都是一种坚持到底的进程；在意识形态与领地主义（Terriroriste）的秩序上，或者在为艺术创新而推波助澜的狂热中，二者的表现都同样醒目；二者都有打破国家界限以将新领域世界化的意愿（如先锋派艺术就有一种世界主义的风格）；二者都有“前卫”的团队、活动分子以及先锋派艺术家；二者依据的都是那造成众叛亲离的善恶二元论原则，即“大革命”要从自己的阵营中找出叛徒。而先锋派则认为，从整体而言，前辈、同辈或艺术整体都是它进行真正的创作的误导或障碍。如托克维尔所言，法国革命是以宗教革命的形式来展开的，套用这个说辞，现代艺术家也可谓是以革命

的形式开展行动的。现代主义在艺术领域引进了革命模式，但阿道罗仍坚持用马克思主义的立场来进行这方面的分析。他认为，在现代主义中包含有一个“抽象的”进程，它类似于处在资本主义鼎盛阶段的普遍的价值交换体系的逻辑，这也成为人们不能接受其分析的原因。[①]人们用阶级利益或者用商业逻辑来对经济秩序加以概括，但是经济秩序并不能合理解释身价倍增的现代主义、对“狂热崇拜过去”的批判、对“灿烂恢宏未来”（未来主义宣言）的渴盼以及进行激烈革新的意愿等现象。由此可见，现代主义并不是商品秩序的翻版，而是如同法国大革命便是“资产阶级革命”一样地确切。[②]先锋派的进程就是“大革命”的逻辑，其善恶二元论是用来抗衡价值、积累以及等值等规约。因此，贝尔强调现代主义是合理的，现代文化是反资产阶级的。再者，现代文化也是革命的，也就是说，从本质上而言，它是民主的，它与我们时代所推行的一些重大政治革命以及设想的中心意义一样，是不能脱离自由且自足的个体而存在的。个体意识的出现在顷刻之间便让那不以人为本的政权变得不合理了，同理，以自由且平等的新面目出现的个体，则成为动摇文化界及“求新的传统”的革命性的力量。

人们常坚定地认为，“哲学上的”混乱（柏格森、威廉·詹姆斯、弗洛伊德）以及科学（非欧几里得几何学、公理学以及相对论）在现代艺术的形成过程中发挥了重要作用，然而这种观点却极为草率。透过马克思主义的分析，人们不难发现，现代艺术或多或少直接折射出资本主义的一部分的异化功能。近来，更有艾吕尔坚定地主张“现代

① T. W. 阿道罗：《美学理论》，第 36 页。

② 这些话源自 Fr. Furet：《关于法国大革命的思考》，伽利玛出版社，1978 年。

艺术的一切特殊性”[1] 在技术环境下都会一览无遗。为阐释欧几里得的形体空间的消亡，弗朗卡斯特尔（P. Francastel）主张人与世界之间出现了新型关系，或者说出现一些由科学技术引发的，倡导速度、节奏与运动的新的价值观。[2] 所有这些深度不一的分析并非处在同一个层面，但实际上，它们却丝毫无助于解释现代主义的特殊性、求新的命令以及与传统的决裂。为何趋之若鹜的团体却彼此间互相排斥？为何会有一连串的中断与“圣像破坏”运动？技术的胜出以及与之伴随的价值观的出现，二者并不足以解释已成为现代艺术特征的这种链状断裂，此外，一种美学秩序的浮现也动摇了交流的认知规则。从科学角度而言，种种变化并非注定要发生，在原来各类体系的秩序上，通过添加一些辅助的参数，新事物都可以得到阐释。速度论域可以促使一些新命题的出现，这与它在别的领域所做的一样，它不需要非编年史的、片断的、抽象的以及让意识支离破碎的作品，它需要不间断地另辟蹊径去验证，以期获得突破。成形的艺术拒绝一切稳定化，否定已有的建树，以便塑造一些既是形象艺术又是抽象艺术、既是梦幻主义又是功能主义、既是表现主义又是几何学般准确、既是形式主义又是“反艺术性的”（杜尚）的作品，艺术由此也成为世界主义的艺术，不再具有同一性了，各种尖锐对立的意图在艺术中出现了，社会学的分析在此受到挑战，即如何在现代艺术中找到由科学与技术变迁造成的影响。人们可以澄清艺术的多向性，但不是通过工业界的科学与技术的同一性来进行。

① 艾吕尔：《无意义帝国》，第 83 页。

② 弗朗卡斯特尔：《绘画与社会》之“理念 / 艺术”，伽利玛出版社，1965 年，第三篇。也见《艺术与技术》之“沉思录”，第 170—179 页，第 210—216 页。

现代主义是依靠一种社会与意识形态的逻辑才得以出现的，而这种逻辑是灵活多变的，它允许对立面、分歧与矛盾的发生。之前所说的现代主义，也就是以实现人人完全平等为目标并首次在历史中得到确认的个人主义革命。由此可见，可独立行事的、追求自己支配自己的权力的个人存在是现代主义发展的催化剂。托克维尔就此做过阐述：倾情于自己的个体，自认为可以单独成为世代延续中的一环，因此过去和传统不再重要，主张自由的个体们也不再坚持要敬重前辈，因为前辈限制了个体行使绝对自我的权力，个人主义贬斥过去的做法直接导致了对更新与现时的崇拜。每个学派都有明确的权威性，在个人自立的理念甚嚣尘上之际，一切既往风格、一切因循守旧都注定要被批判和超越，主流的风格被贬谪，痴迷于改变“手法”的艺术家以及大量涌现的艺术团体离不开这种自由个体的文化，组织活动只为创造，只为避免静止以及一成不变的呆板，但无需“大师”。求新的惯例成为一个精准的工具，被个人主义社会用来去除守旧、重复以及同一，改变对“大师”及对自己的依赖，目的在于实现一种自由的、动态的和多重的文化。

现代主义的更新，其特别之处在于它总是与丑闻和决裂结伴而至；一些作品总是与和谐、与意识相背离，它们脱离了我们所熟悉的环境，超越了我们的语言表达能力。以个人为单位，以不可取代、终极的价值观为基础，一个社会得以建立起来。在这样的社会里，艺术造就出一些相互脱节的、抽象的且令人费解的人物形象，由此可以认为，艺术似乎是“冷血的”。这种矛盾真正的根结在于我们对于个体的看法，即个体“几乎是神圣的、绝对的，任何东西都不能

压制个体合理的诉求，个体权力只受其他个体同等权力的制约”[①]。现代人发明的自由理念是没有界限的，这也是我们与经典的人文主义分道扬镳的原因。主张“文艺复兴”的人则认为，人们是在一个具有诸多永恒属性的、精准的且亘古不变的世界里活动着。外部世界，对于人的活动而言，是一个无限的和开放的世界，但它也要遵守一些恒定的规律，因此，人们所做的只是对此加以记录而已。[②]对于现代人来说，本体论上自由的个体，它的价值观与规律明确的现实是格格不入的。现代人挑战规律、挑战现实、挑战意识的自由价值观，但不接受对自己的限制，通过对他者规则夸张地否定[③]，通过相对凸显自身规律的自主创造，自由得以被明确表达出来。所有这些出现在一种凛然不可侵犯的自立之中，这表明，先验的顺从是无法长期抗衡个人自立的力量。高更（Gauguin）说过“我想确立一种敢为一切的权利”，自由不再是对传统的修改和变通，它诉求的是决裂与抗争，是对已定的意义和规律的摧毁，是自主的创造，是不拘一格的发明。现代人赢得了在私生活中自由安排自己的权力，因此从根本上摆脱了权力与规律的束缚，并同时获得了造物主的力量，依据与活动相适应的内部规律来自由构建各种形式，而不必理睬各种预设的条件，由此，“创造成为一种有意识的活动”（康丁斯基）。社会在于发明，私生活在于管理，文化在于创造和非稳定化，因此不能离开自由的个体以及自身的起源来理解现代主义。“整体论”架构的破

---

① 杜蒙：《阶序人》，伽利玛出版社，1966 年，第 17 页。

② 参见弗朗卡斯特尔：《绘画与社会》。

③ 在这种情况下，萨德（Sade）的作品与规划呈现的是现代主义的典型表象特征。“他（Sade）通过极端的否定意识来追求最高权力，通过否则人、上帝和大自然来进行验证这种最高权力。”参见莫里斯 · 布朗肖：《洛特雷阿蒙（Lautréamont）与萨德》，子夜出版社，1963 年，第 42 页。

裂，个人与社会整体之间关系的颠覆，均有助于更好地理解个体的自由存在，这种自由存在与其他因素一样，促进了一种艺术的出现，这种艺术不再囿于语言以及视觉的限制，也不再拘泥于惯常的表现手法、情节、逼真与押韵。

自由无疑需要一定的经济基础与社会条件，以便让艺术家能够摆脱从中世纪文艺复兴时期开始的由教会与贵族阶级把持的财政以及美学上的监管。实现这种解放的手段便是艺术市场制度，随着艺术家越来越走向广大的各阶层公众，“顾客”也就随之壮大了。通过特殊的文化促销以及传播机构（剧院、出版社、学会、沙龙、文艺批判、艺术品陈列馆、展览），作品也就打通了成为商品这一环节，艺术创作就可以从文艺资助体制中、从外部对其规定的标准中脱身而出，并能公开表达自己至上的自立性。[①] 现代艺术的这种物质基础，尽管很重要，但仍不能由此得出物质决定论，因为这种决定论掩盖了自由幻想含义的内在力量，若没有了这种力量，现代主义是无法想象的。艺术活动置身于一个完整的社会运动中，而艺术家则沉浸在一些价值观体系中，这些价值观体系超越了艺术范畴，离开了这些价值观，便不可能理解艺术的叛逆，因为是这些价值观构建了叛逆并引领个体以及团体去实现这种叛逆。一个文艺市场的存在，本身并不能解释艺术家们进行解构与试验的狂热劲头，市场使自由创作有了可能，但并非让自由创作成为一种必须，市场让贵族阶级的标准过时了，但市场本身并不能制造价值观，也不能产生无限创新的需求。为何不能用另一种风格来替换旧的风格？为何要尊崇创新？为何这种运动会如此蓬勃？众所周知，市场逻辑极可能会导致

① 皮埃尔·布尔迪厄：《创造设计与知识场域》，刊于《现代时代》，1966年，第246期。

出现一种新的因循守旧（如电影制作、音乐集锦等），还应该解释的是，为什么艺术家一旦脱离了资助便走向了公众标准的“对立面”，为什么艺术家为了艺术而愿意接受磨难与误解。为了“求新”的现代主义激情能够涌现，需要一些新的价值观的存在，这些价值观源自整个集体组织，它们并非艺术家们所创造，但必须要“供他们支配”，体现个体拥有的凌驾于集体之上的优势地位，主要目的是贬低那业已确立的原则，即示范的原则，而无论它是何种示范。人们不能将个人主义的意识形态简化为“赢得文化合理性的竞争”，因为这种竞争既非追求标新立异，也非追求出类拔萃，但正是这两个追求诠释了现代主义的诸多伟大决裂。当然，“创造”为了实现独有的预期的差异，从某一刻开始也确实走向了“竞争”。个人主义的意识形态影响无比深远，比争取艺术认可的抗争的影响还要深远，而使得传统以及诸多形式的他律贬值、使得模仿原则为人所不齿的是历史的力量，这种力量迫使人们不懈地去寻找、去发明一些方法，以实现与现时的经历相决裂。个人主义价值观便是平等、自由与革命，而现代艺术便是植根于这三者所形成的合力之中。①

现代主义与开放文化

关于现代艺术，虽然众说纷纭，缺乏一致性，但仍有一种强

① 去社会化的、受限的人类，不再遵从社会规范命令（针对所有人），他构建或摧毁的是形式，而非基本的进程或欲望的力量。关于现代主义“性欲的”阐释，参见弗朗索瓦·利奥塔：《话语与修辞格》，Klincksieck 出版社，1971 年。

大的趋势从中脱颖而出，贝尔称之为“距离感的隐没”，这种全新的进程蕴含在对新架构、新目标以及对新作品的认可接受之中。在造型艺术上，欧几里得几何式的舞台场景布置，寓意深刻且协调，它由精心的策划、一定的内容与一定的容器所组成，针对的是一定的观众，并与之保持一定的距离，而距离感的隐没则是这种舞台场景布置的末日。未来主义分子宣称：“我们自此以后要将观众置于场景的中央。”在一些现代主义作品中，人们凝视的不再是一个远方的对象，观察者需要置身于场景之中，很多画家刻意调理出一些开放、弧形或“多重感觉的”空间，[①] 使得观赏者被纳入其中。在文学方面，甚至连那种单一、静止的视角也被加以消除，马拉美（Mallarmé）的《书》以及乔伊斯的《尤利西斯》便是如此，20 世纪 20 年代的小说不再受某个作家外在的、全知的视角来支配，即作家不再完全掌握自己作品中各人物的灵魂，叙述的连续性由此被打断了，幻想与现实相互交织在一起，顺着人物角色偶发的主观印象，任由“故事”自己去发展。

这种表现场景所发生的动摇，结果便是作品与观众之间的“距离感的隐没”，即审美以及理性诠释的消失，但这成就了现代主义的重要价值观如“感觉、同步性、直接性与震撼力”，如引领人们去伸展、摇晃肢体（摇摆舞、摇滚乐）的强烈奔放的现场音乐所具有的震撼力，影院宽银幕那巨大影像所带来的震撼力等；目的在于探求那些摆脱社会惯例并投身于正在变化中的、被割裂的、偶然的现实之中的真实意识，如伍尔夫、普鲁斯特、乔伊斯、福克纳等人的小说，他们的小说表现出来的是一针见血般的直接性；还有如立体派或阿

① 参见佛朗卡斯特尔：《绘画与社会》，第 195—212 页。

波利奈尔的同步性等。执着于直白情感以及感觉的超现实主义分子们，欣赏的是一种“情感寄托”（布勒东，Breton）的美，而拒绝纯粹形式主义的诗歌。让观众在一个知觉紧张和方位错乱的世界里待得时间长一点是现代人寻求的目标与结果，由此距离感被消除了，也由此一种立足于戏剧化、情感与不断激励的文化出现了。这种现象让贝尔认为，“现代主义文化强调的是反理智的方式，着重的是一些反认知的功能，意图以这种方式与功能来寻回本能的表达源”。

阿道罗认为，很明显，只要不回避确切的逆反的结果，不掩饰让人无法理解的“理智主义的”和“不妥协的”特征，人们便可将距离感的隐没当作现代艺术的追求之一。但仅从艺术家们的动机来考虑未免太过于简化了，因为收集整理一直深刻影响着交流进程、为公众释疑解惑的作品也同样具有意义。一些结构不合常规、抽象的或者松散的、不协调的或极简单的作品引发了“公愤”，因为它们模糊了原本清晰的交流，打乱了已被认可的时空秩序，导致了观众情感上的排斥，并转而以批判的态度对其加以质疑。对这类作品，距离感的隐没便无从谈起。布莱希特[1]曾想在舞台史剧中以一种政治、训教的眼光来加以实现的东西，实际上已经被绘画、文学与音乐加以完善了，只是其中缺乏教育的、物质主义的考量而已。布莱希特在这点上是有道理的，整个现代艺术事实上是试验的结果，仰仗的是间离效果，让人称奇的却是它引发了怀疑或者遭遇到了反对，人们质疑这些作品以及艺术本身的目的何在。在创作者看来，关于艺术自身理据的日益增长的疑虑其矛头指向的便是这种

① 贝尔托·布莱希特（1898—1956）：德国极具影响力的现代剧场改革者、剧作家及导演，亦被视为当代“教育剧场”的启蒙人物。——译注

与观众的间离效果，什么是创作？为何作画？为何写作？“有纯文学一般的事物存在吗？”马拉美也曾这般思索过。现代艺术并非致力于一种突兀的美学感受，它与一种原始的寻找紧密相依，这也是一种探究，探究艺术创作的标准、功能以及最终的构成，结果艺术的边界永远放开了。这也是自 20 世纪初以来各种宣言、著作、传单、绪言普遍开花的原因；当时的艺术家们还满足于写写画画，但此后，他们便开始向公众解释其作品的意义了，由此他们也成了自己创作活动的理论家。艺术追求自发与直接，但奇怪的是，与艺术共生的却是冗长的推理。这并非一种矛盾，这是摆脱了一切美学惯例并且赢得了读者拥护的个人主义艺术真正的衍生品：一份额外的使用说明。

现代主义文化也好，个人主义文化也罢，都不意味着要把作品看作个人的表白；现代主义“改变了现实或是走出我的内心，而我个人的经历则成为灵感以及美学表达的源泉”。但是，现代作品寻求的不正是一切与主观的、意愿的经历，与传统意义的认知相决裂的东西吗？试验旨在超越“我”的局限性，旨在探索深思熟虑之外的东西，现代艺术因此而受到原始状态下的意识和眼界所左右（如自动写作、滴洒颜料绘画法、任意割裂原作创作法）。布勒东说，现代主义推崇另类，崇尚不协调与非理性，而民主平等原则在整合并使之被普遍认可等方面发挥出了作用，而且还是以一种开放、变幻的以及“可消融的”的方式来发挥作用的。现代主义的文化，其远景也是世界主义的文化，它也受到了个性化进程的支配，或者说，要减少或消除关于“我”、现实以及逻辑的思维定式的支配，如消除主观与客观、现实与想象、清醒与梦幻、美与丑、理性与疯狂等之间的矛盾，目的在于解放思想、摆脱束缚与禁忌、释放想象

力、点燃存在与创造的激情。这并非为了摆脱内在的我，而是一种革命追求，旨在分化与隔绝那些造成“狗过的日子”的专制性，体现一种将个体加以个性化的强烈意愿，以使之重获新生，以向其展示真实的生活面目。个性化进程作用在于消融僵化性并确认个体特异性，这点在个性化革命的初始阶段便已表现出来。

不能把20世纪初期创作的小说解释成为内心的文字表白，也不能把它当成心理唯我论的雏形。米歇尔·泽拉法（Miche Zéraffa）指出，20世纪20年代的新小说，是受“主观支配的”，并不是“我”的真情告白，它是个体在新的社会历史意义下的产物，个体的生存被定性为匆匆过客，被定性为矛盾重重的亲身经历。[①]“意识流”小说只有在侧重“痉挛性的、晦暗的、支离的以及平庸的”个体的理念下（伍尔夫）才可能形成。无论怎么用心观察，这种小说既不能作为一种较为精确的心理观察，也不能作为资产阶级习俗的一种固化物，作为对工业化的、城市化的社会其非人性化的一种表现。然而，这些因素无疑都会起到一种催化剂的作用。如果说自发、偶然的印象以及真实都成了艺术内在的价值观，那么所依据的则是自立的个体的意识形态，而非社会的意识形态。根据本体论观点，人是自由的，但这自由的人如何才能摆脱非正式的、不确定的、变幻的形象呢？即如何才能使得主体放弃散漫的、不定的意识，或放弃对自由存在及美学的展现？一个自由的个体终归是活动着的，它并无确切的轮廓，因而存在方式也注定是不确定以及矛盾的。另外，平等淡化了事物及类别的等级之分，因此每一刻都弥足珍贵，每一种印象都尤为合理；也由此，个体便能够以个性化了

① 参见米歇尔·泽拉法：《浪漫革命》，第二章。

的面目出现，或者以一种支离、断续、松散的面目显现。伍尔夫、乔伊斯、普鲁斯特以及福克纳等人的小说不再表现由小说家所主宰的、刻画的鲜明的人物角色，自此以后，这些角色也无须再被解释，而是顺其自然，任由人物自身反应来呈现，呆板的小说布局由此解体了，推理让位给了联想，客观的描写被变化着的相对主义的阐释所替代，突如其来的次序的中断取代了连续性。内外的对立以及一成不变的标识都逐渐消融了，虽众说纷纭，却常无定论（皮兰德娄，Pirandello[①]），虽空间无限但却没有了核心，现代作品虽有文字或造型之分，但都是“开放的”。故事既无明确的开始，也无真正的结尾，人物也是“未完成的”，正如同马蒂斯（Henri Matisse）[②]的一幅室内画或者是莫迪里阿尼（Modigliani）[③]所描绘的一张面孔所展现的那样。这种“未完成的”作品便是对个性化不稳定的进程本身的展现，该进程用一些凌乱且标识模糊而不确切的框架取代了古典作品中次第化、连续、推理的结构，如按时间顺序来看这些框架，则显得尤为怪异。

通过对新素材、声音、视觉信号新布局的不懈寻觅，现代主义摧毁了所有的文体规则与惯例，由此一些个性化、非常态的作品诞生了，“交流”越发独立于如音乐、语言和视觉等一切美学体系之外。现代主义个性化了艺术交流，但非将其摧毁，它也炮制了一些不可信的“信息”，如：归根结底，规则本身就是荒诞怪异的。表达是根据一个自由的个人主义时代的逻辑来进行的，它无须有议定

① 皮兰德娄（1867—1936）：20 世纪重要的荒诞剧场先驱。——译注

② 亨利·马蒂斯（1869—1954）：野兽画派创始人。——译注

③ 莫迪里阿尼（1884—1920）：20 世纪上半叶巴黎画派的一位重要画家。——译注

的规约，也无须有共同的语言。一种自主的艺术，在于它轻视一切，因而幽默与讽刺成为基本的价值观，而放荡不羁则成为乐园。“幽默与笑，不一定是贬义的嘲讽，而是我嗜好的手段”（杜尚），对于规矩的抛弃，结果便是精神得到放松，个性化得到了张扬，自由的艺术以及作品的非高雅化也达到了极致。轻松幽默是开放的作品中的关键元素。艺术家们坚持认为，意识是无用的，其本身是空洞的，那么它也就无所表达（贝克特，尤内斯库[①]），于是他们便将意识以幽默轻快的语调来加以表达。现代艺术并不排斥交流功能，它通过作品的非社会化、通过创造一些度身定做的规则与讯息、通过分化公众来进行交流。自此，公众或被分散，或被不稳定化，或受到局限，通过打乱意识与非意识、打乱创造与游戏的区分来营造幽默气氛，来实现个性化交流。

对于作品本身的接受也被个性化了，这种接受变成了一种“随波逐流的”（康定斯基）、多价的、变幻的美学上的体验。由于现代艺术没有特定的观众，造型作品也无须以一种确定的视角来加以审视，因而观赏者能兴致勃发，因为他本身便是一个活动着的参照点。美学鉴赏需要鉴赏者有一定的经历，有一种真实的或者虚幻的变通。由此，依据鉴赏者自己的联想和参照，作品便可以得到再生。由于作品是不确定、可以修改、可以商榷的，于是现代作品将系统的“参与”模式推上了前台，观赏者“可以说是被要求协助创作者来进行作品创作”。[②] 现代艺术是开放的，它要求当事人建设性的介入，需

① 欧仁·尤内斯库（Eugene Ionesco，1909—1994）：罗马尼亚及法国剧作家，荒诞派戏剧最著名的代表之一。

② 参见 Liliane Brion–Guerry：《1913 年》中的《1910—1914 年期间建筑结构形式的变迁》，第 1 册，Klincksieck 出版社，1971 年，第 142 页。

要引起读者或观者精神上的共鸣，同时也需要音乐制作人偶尔的配合行动。这种或真实的或虚幻的参与，自此也成为作品的组分，这种参与是否正如乌贝托·埃克（Umberto Eco）认为的那样，将模糊、不确定以及歧义当成了美学的价值观及其新追求呢？乌贝托·埃克写道，“要避免给读者造成模棱两可的感觉”[①]。尽管所有的艺术作品都具有多重的解释，但只有现代作品被“有意识地”加以建构以便实现模棱两可，也只有它寻求模糊、朦胧、暗示与歧义。这些便是关键吗？实际上，不确定在很多情况下是一种结果，而不是一个深思熟虑的目的，现代的模糊性便是这些艺术新命题的结果，如采用多重视角，摆脱“对象的拖累”（马勒维齐，Malevitch），推崇任意性、偶然性、自动性、幽默以及谐音文字游戏，反对古典的拆分，即艺术与生活、散文与诗歌、雅与俗、游戏与创造、日用品与艺术等这样的拆分。现代主义将读者或者观众从先前主攻“暗示”的作品中解放出来，因为它基本上消融了艺术的种种限制，探索了各种可能性，颠覆了一切的传统，而不顾及“先天的”局限性。伴随着这种膨胀，也伴随着当代的非领域化，“非直接的”美学出现了。作品是开放的，因为现代主义本身就是开放的，它摧毁先前的种种标准与框架，并进入愈来愈多、前所未闻的领域。

在主流的社会逻辑历来都是惩戒性的时代，现代主义依据的是一种个性化的进程，它侵蚀了二律背反，消融了叙事框架，它依据弹性章法进行交流，或者干脆就是无章法的交流，实现了观众的积极参与。现代艺术有此作为依靠，便能在革命的狂热中，在世纪之交，得以开创另一种类型的文化，在消费、教育、分配以及新闻都

① 参见 U. Eco：《开放事业》，Seuil 出版社，1965 年，第 22 页。

倾向用参与、激励、主观化及交流等手段来进行组织的时候，这种文化的逻辑便大行其道了。贝尔已经看出了现代主义文化富有前瞻性的特征，但他没明白的是，该文化的本质不在于享乐主义内容的出现，而在于一个全新的社会形式的出现，不断迁延着的个性化进程触及了各类新领域，以至于它成为现今社会以及即将到来、个性化、变幻、迁移的社会的基本特征。当先锋派还在因循着一种“狂热的”或者革命的逻辑的时候，而将个人与社会生活一网打尽的、旨在消磨革命意志的且将已拟定的冷漠作为基调的个性化进程却日渐显露端倪，现代主义艺术便是不稳定化的、个性化的第一步动作，也是“开放社会”的原型。在这种情况下，便需要修正风靡于20世纪60年代的信条：现代艺术并非统制的消费世界的“另一半”。现代主义的深层次逻辑是革命性的，这与参与性的、变幻的以及自恋的后现代社会的逻辑并不一致。

由先锋派艺术家们所完成的艺术界的个性化，与先锋派其他运动的功用完全是同一类的，其中的理论便是精神分析。在20世纪到来之际，文化遭遇到了同样的个性化进程，从个性化进程中衍生出的各种开放的举措，催生出了精神分析下的现代艺术。这种分析要求“袒露一切”、自由联想、心理分析者的缄默以及移情等，精神分析的临床关系获得自由，并且被纳入了可变通的个性化轨道。再现当代个体的分析变得“无休无止”了，它成了最高的价值观；统制经济论的预判被游移不定的探究所替代，它不放过任何东西，意义的轻重缓急变得微不足道了，一切表达都具有意义，其中也包括无意义。在现代艺术中，精粹与趣闻逸事被一视同仁，一切主题都是合理的，与此同理，一些人类的糟粕在人类学的范畴内也得到再生，平等保障了畅所欲言，意义与无意义也不再是相对立的，事

物也不再有优劣之分。作为现代文化的组成部分，“无意识”与“克制”也是个性化的载体，是对我们在人类学上的形象划分进行否定的媒介。梦幻、口笔失误、神经官能症、挫折行为以及幻觉等不再是孤立的领域，在“无意识塑造”的辅助下，它们彼此相互联系在了一起。这种无意识塑造要以“第一人称”来进行阐释，要依靠主体恰如其分的联想。无疑，孩童、孤僻之人、妇女、生理本能倒错者、女性化的男同性恋者、神经质者，这些领地都各有特殊性，但在对欲望、压抑及其原始过程所进行的所向披靡的刨根寻源的推动下，各自的领地都失去了特异之处，通过打破心理学或者病理学上的僵化对立，通过将理性的残余重新注入人类学系统内，通过放宽现实依据与界定条件，精神分析将个体的再现加以个性化了。

艺术先锋派其实也就是分析先锋派，它也呈现出同样的个性化进程。但事实上，还有一种不和谐、等级、苛刻的进程随之而来，它揭示出将开放的文化与四周纪律的、专断的社会结合起来的各种联系。具体表现在两个方面，一方面，先锋派艺术家们脱颖而出，成为精英，他们毁灭了所有的传统，并引领艺术史从革命走向革命，而另一方面，精神分析法将这种行为总结为在举行一场严肃的基于心理分析者与被分析者之间关系的仪式。另外，精神分析法也被制度化了，它以一个国际协会的形式表现出来，它以一个不容置疑的大师作为领袖，它要求人们忠于弗洛伊德、遵从一些教条、铲除一些异端和叛逆。此外，它还致力于培育大师。精神分析与艺术先锋派是个性化世界与纪律性世界之间妥协的产物，一切似乎表明，一种开放的逻辑业已诞生，并在特定的个体身上得到了确认，这种逻辑也只能在对立的、等级的、强制的，且整个社会盛行着的逻辑的压迫下方才显形。

从消费与享乐主义走向后现代社会

见证了先锋派各种惊人之举的现代主义的重要阶段已经成为过去，如今的先锋派已经失去了呼风唤雨的能力，公众与革新艺术家之间的紧张关系也不复存在，原因是没有人再继续捍卫秩序与传统了。大众文化已经习惯了现代主义的叛逆，“在艺术领域，鲜有人反对完全的自由、无羁绊的生活、奔放的感受、凌驾于秩序之上的直觉以及不接受理性批判的想象力”。公众的转变的原因是，在世纪之交曾为一小撮反对资产阶级的艺术家们所专有的享乐主义，受到大众消费的推动，成为我们文化的核心价值观，“如今盛行的自由思想，将现代主义运动视作文化理念，该运动的意识形态阵线所寻求的便是将冲动当作行为模式”。由此，人们走进后现代文化，对于贝尔来说，这个文化概念意味着这样的时代：先锋派不再能够引起轰动，寻求创新变得合理，感官刺激与愉悦成为主流的价值观。在这个意义上，后现代主义像是享乐主义的民主化，“求新”获得了普遍的认同。“反道德与反制度”赢得了胜利，艺术界的价值观与日常生活的价值观之间的背离结束了。

但后现代主义同时也意味着一种极端主义文化的来临，这种文化将“现代主义逻辑演绎到了登峰造极的地步”。在 20 世纪 60 年代，后现代主义呈现出与文化和政治上的激进主义以及极端的享乐主义相关联的几个主要特征，如学生的叛逆、反文化、吸食大麻与摇脚丸[①]、性解放等，色情电影与书籍大行其道，血腥、暴力场景愈演愈烈，通俗文化终于走进了解放、享乐以及性的时代。享乐主义

① 摇脚丸（L.S.D）：化学名为麦角酸酰二乙胺，是一种强烈的中枢神经致幻药。——译注

文化使人幻象绵绵，但明显也是革命性的，“事实上，它仅是50年代上流社会部分阶层长期所过的放纵与享乐主义生活的民主化与扩张”。由此看来，60年代标识出的是“一个开端与一个结束”。之所以说现代主义的终结，因为在60年代，表现最为明显的便是对清戒的功利主义价值观的声讨，这一波的大众文化叛逆运动也最为轰轰烈烈。一种后现代文化也在此时开始了，它没有创新和真正的果敢，只满足于民主化享乐主义的逻辑，倾向于加速优先发展“最为低俗而非高雅的习性”。人们或许可这样理解，对后现代主义进行这种“X光检查”，是出于一种新清教主义的憎恶。

在享乐主义以及反映享乐主义的消费中，现代主义以及后现代主义处在震中位置，要弄清楚这点明显力有不逮，不过贝尔认为这很有必要。要刻画社会与现代的个体，把消费作为参照点是最为合适的，“在20世纪20年代，当大众生产与一种空前高涨的消费开始改变中产阶级的生活时，现代社会真正的革命突然来临了”。什么样的革命呢？对于贝尔来说，这种革命是享乐主义，它是一种价值观的革命，从结构上将资产阶级社会整体置于危险的境地。尽管如此，人们仍可能对消费在历史上的作用心存疑惑，担心它被喻为意识形态上的革命或有一些离经叛道的文化内涵而遭到削弱。只是在第二次世界大战结束后才达到巅峰状态的消费上的革命，在我们看来实际意义尤为深远，它主要在于实现现代社会世俗化的目标，也即实现社会的整体控制。另外，私生活解放的力度也越来越大，表现在自助服务的普及化，时尚的日新月异，原则、角色和章程的模糊化。通过在生活层面上将个体纳入快车道，通过将自我完善加以合理化，并利用图片、新闻、文化对此进行渲染，福利社会显现出一种微型化或一种极端的非社会化的作用，这与19世纪施行义

务教育、征兵、城市化及工业化等举措的社会是不可同日而语的。消费时代不仅废除了新教的伦理，它还清算了传统上、惯例上的价值观和生活方式，制造出一种民族文化，并基于需求以及新闻的撩拨，使得这种文化国际化了，使得个体不再坚守本分，一成不变的日常生活由此遭到了唾弃，人们对客体、对他人、对肉体以及对自己的那些久远、静态的立场发生了动摇。这便是继 18、19 世纪经济和政治革命之后，继世纪之交的艺术革命之后，出现在日常生活领域内的革命。自此以后，现代人对新颖事物都是接纳的，他能够毫无障碍地改变生活方式，因为他是动态的，“大众消费意味着，在生活方式这个重要领域，人们接受了关于社会变迁以及个人转变的理念”。由于消费品、广告以及媒体等原因，日常生活以及个体都失去了起初的滞重感，二者被时尚进程以及加速的淘汰进程捆绑在了一起，一个真正的个体因此得以成形了，它在被非实体化的同时，实际上也被流行的、不间断的生活模式所浸染，其游移不定的、微型化的特征也由此而出现了。不受官僚主义的渗透，不受行为科学技术的驾驭，也不受现代权力制约的最后一幕也到来了，各类人际关系的传统准则被废止，因为要去创造和组织社会与个人都向往和渴望的生活。这是一种变通的控制，而不是机械的、极权的控制；消费是一种基于诱惑的进程，个体采用了由一些专业组织构建起来的消费、时尚与享乐的方式，可根据个人意愿来决定取舍，可将各已拟定的元素加以自由组合。日常生活的管理还应当考虑到关联面，即要关注越发独立并个性化的私生活领域的形成；消费时代在对个体解放、对社会现实进行微观且全面的调节等方面表现出了巨

大的影响力。[1] 简明的消费及信息逻辑将“我的私生活我做主”提升到了顶点，与此同时，社会也失去了先前特有的厚重感，成为一种普遍的官僚主义规划的目标，结果便是：在设计者及工程师对日常生活各方面进行仔细雕琢之时，个人的选择面反而大为拓宽了，这便是消费时代的矛盾之处。

大众消费尽管是一个不可否认的事实，但这种表达却是含混不清的。电视、汽车、牛仔装与可口可乐的普及，周末与8月份的蜂拥出行，都意味着人们行为举止上的趋同化。但人们却常常忽略了与该现象相辅相成的一面：追求标新立异，追求史无前例的个性化。满足消费欲壑的供给，使得参照以及模式的作用被降低，使得命令的方式被摧毁，使得成为全然不同的自我的念头以及享受生活的欲望得到了强化，每个人都可以自由选择并加以组合，由此可见，这种供给是实现生命体之间差异化的介质。行为与爱好原本已极端多样化，而因“性解放”、因性别和年龄在社会学及人类学上的差异的消失等原因，行为与爱好变得更为复杂化了。倾向于减少历来存在于两性间和代际差异的消费时代，造就了如今这种不再受制于僵化的惯例与角色定位的个体行为的超级差异化。女性的叛逆、“代际的危机”、摇滚文化、第三以及第四年龄段的说法等，都可以作为超级差异化的佐证，在相互排斥的氛围中，一切问题都会促使人们去思考群体间沟壑纵横的当代社会。社会学家以统计数据为基础，凭借经验就能轻易地列举出如此等等的差异，却漏掉了最为有趣的现象，这便是“熔炉”历程，即重大的社会身份以及实

① 个人自立与当代国家角色强化是以同样的方式同步进行的。参阅马塞尔·戈谢：《人权不是政治》，载《争鸣》，1980年，第3期，第16—21页。

体逐渐模糊起来，目的并非在于实现生命体的均质化，而在于实现一种全新的、微型的多样化。男性与女性失去了从前泾渭分明的特征，二者之间的界定也变得模糊起来；自此以后，同性恋便不再被视为性欲倒错，所有或几乎所有的性欲都是允许的，一些前所未有的结合由此也就应运而生了；在几十年间，年轻人以及岁数稍长之人的举止趋向雷同，他们崇尚年轻，推崇心理年龄、宽容教育、离婚、休闲服、袒胸露乳、游戏、运动以及享乐主义伦理，并在这些崇尚之中快速轮换着。无疑，各类纷杂的诉求运动都受到了平等理念的激励，都有助于实现非稳定化，但更有益于消费品的丰富和需求的增加，有利于宽容的享乐主义价值观，有利于避孕技术的发展，简而言之，是个性化进程让“洒脱的”宽松的社会标准得以出现，一切生活方式都从而得以被合理化，个人身份、绝对自我的权力、个性的癖好都从而得到了确认，自恋阶段最终到来了。

在一个充斥着各类模式的社会里，肉体、个人平衡、业余时间等都受到触及，个体不得已要不停地选择，要主动出击去探求讯息、去评判产品的质量，个体要自我诊断以及自我测试，并要保养自己以使之年轻，就连一些最简单的事情也要深思一番。比如说，买什么样的车？看什么样的电影？假期去何处？读什么样的书？依照什么样的食谱以及疗法？消费强迫个体要自己担起责任并负起责任，消费是一种参与的体系，注定要对被动的、表演的社会发出挑战。针对这点，托夫勒（Toffler）[1]在被动的消费者与创造性的、独立的“促销者”之间建立起来一种对立，但这种对立却又太过于轻

① 托夫勒（1928—2016）：美国未来学家，中国人最为熟悉的便是其《第三次浪潮》一书。——译注

视消费在历史上的作用。无论以什么标准来看，消费时代已经显现并仍将继续成为个性化的一个动因，它迫使个体去选择、去改变生活方式中的各个因素。由此，消费时代也是个体责任化的一个动因。直接担当责任源自对自身事务的兴趣，不必高估这类现象实际所产生的影响，责任化及参与仅仅是换了一个更为个性化的方式来延续原有的功用而已。“自己动手”、配套销售、自助群体、自我照料等现象出现了，在这情况下，可以粗略地认为生产与消费之间的界限消失了[①]，但这些事物的出现并不预示着市场扩张、专业化及诸多重要的分配体系“行将就木”，而仅意味着消费逻辑的个性化达到了极致。自此，日常修修补补、健康、咨询等本身也在被消费着，但却是在自助式销售的轨道中进行着。自为并非虚幻，在市场逻辑、专业化以及任务官僚化不断发展的同时，创造性的调解、互助、互惠的人群范围也在同步扩大着。因此，尽管看法不一，但贝尔认为消费是放纵的、冲动的新自由主义的一个成因，这点并不尽然。消费社会不可能仅被概括为刺激需求以及享乐主义，它与充分的信息、大众传媒文化以及对交流的关注是分不开的。借助于即时的咨讯如医学的、历史的、工艺学的节目，古典或者流行的音乐，旅行、烹饪以及心理方面的建议，真情告白，电影等，人们消费激增，而加速更新以及过度发展的信息、文化、交流等，它们与丰富的商品一样，也成为消费社会的组成部分。消费社会一面是享乐主义，另一面则是新闻讯息，总体上看，消费社会是一个开放、清醒的社会，也是一种弹性、“精英”、永恒的教育手段。在享受生活的同时，也得紧跟着潮流“成为一个时髦的人”，同时还要关心健康，

① 参见托夫勒：《第三次浪潮》，柯林斯出版社，1980 年，第 333 页。

留心健康问题，医学需求由此大大地增加了；也由此，信息类杂志以及普及读物大量涌现，各类节日也屡获成功，手持摄像机的游客们则穿梭忙碌于各历史遗址和博物馆之中。如果说消费瓦解了那清戒的、专断的文化，那么，其目的并非为了造就一种非理性的或冲动的文化，更深层次的目的是旨在展现主体一种新型的、“理性的”社会化，并通过如丰富知识、自己做主、预判、进修以及依据检查与保养的规则来安排生活等一系列的诱惑命令来加以实现，而非通过极端受制于不可预见的、摇摆不定的个性以及经过选择的内容来达到。消费时代使得个体非社会化了，但通过新闻以及消费的逻辑，个体又被相应地社会化了，这是一种没有了令人压抑的内容的社会化，旨在多变的社会化。个性化进程使得一种负责任的、内行的个体得以出现了，它是自己永恒的调度者。

这种新型的责任化，人们称之为“自恋型的责任化”：一是因为公众事务变得非理据化了；再就是因为个性的非稳定化及松弛。它的表现也是飘忽不定的，如松弛的人际关系、推崇本性、婚姻自由、离婚泛滥、兴趣导向、价值观以及期望的加速变化、放任以及宽容的伦理、心理病理学综合征的大流行、抑郁以及消沉等，有四分之一的人在其一生中会出现严重的精神抑郁，有五分之一的德国人被确诊患有心理疾患，四分之一的人受到了睡眠障碍的困扰。但要从中辨析出一个“单向度的人”，即便只是短期的个人化表现，却也是不现实的。新自恋主义被界定为离析与个性绽放，而规律便是对立双方和平共存。随着生活方式被消费品、信息、体育运动以及心理安慰所浸染，个体便离析成为一个怪诞的“拼凑物”，一个多晶形的组合体，这也是后现代主义自身的写照。虽没有了道德的罪恶感，有了为人处世的洒脱，然而自恋的个体还是易于焦虑、彷

徨；他整天忧心于健康问题，担心在高速公路上或在山里的生命安全；他成熟且睿智，虽处在一个崇尚科学的世界，然而易受奇思妙想、玄奥、心理玄学、通灵者与精神领袖的影响，尽管这是出于一种本能；他不再执着于学识、意识形态，但同时，他却对体育运动或修葺工作精益求精；他排斥勤奋以及强制性的、严格的规范，但他却在瘦身食谱里，在体育锻炼中，在高山攀援中，在宗教、神秘的静省中，自己摸索着答案；面对死亡，他谨慎有加，与公众接触时，他保持克制，在接受一些新型的心理疗法时，他才得以喊叫、呕吐、哭泣和咒骂；他是“时髦的”，他在国际时尚模特儿引领下随波逐流，且又倾情于一些不入流的未成年人语言，倾情于土地以及一些宗教、大众的传统。这便是自恋型的个性化，是与“我”不协调的片段，由此，依据复合逻辑行事的个体出现了，一如流行艺术家所做的分裂堆彻或如阿达米（Adami）[①] 所做的平淡无奇的、随手拈来的组合所表现出来的那样。

消费是一种动态的开放的架构，它使得个体摆脱了社会依赖关系，使得同化以及排斥过程加速了，它还造就了一些漂移着的运动着的个体，一些只为让人特异化的生活方式由此也被世界化了。消费上的现代主义也受到了个性化的支配，在这点上，它与艺术先锋派或精神分析先锋派是一致的；在整体上，它却与在其他领域内占据主流地位的现代主义相反。这便是现代主义的一个复杂的历史阶段，它围绕着两个相互矛盾的逻辑而展开，其一是僵化、整齐划一、强制性的，另一则是弹性、可操作性、诱惑性的。这种等级制的、

---

① 瓦莱里奥·阿达米（Valerio Adami）：1935 年出生于意大利博洛尼亚，20 世纪 60 年代在国际上崭露头角，并因风格化的、与波普艺术一脉相承的创作广为人知。——译注

纪律性的逻辑，在生产领域内，它便是以科学的劳动组织原则为基础建立起来的严格的官僚主义体制（如起始于 1911 年的泰勒制科学管理原则）；在政治领域，它便是一个关于中央集权以及民族统一的理念，革命与阶级斗争是其精髓；涉及价值观，它便是节约、劳动以及勤奋；其中的个体是自愿的，是“导入坚定型的”。但自 19 世纪末起，由于消费时代的兴起，受另外一种弹性的、多重的且个性化的进程所支配的一类体系开始显现了。从这个意义出发，人们可以说，当代社会的特征便是两种对立的逻辑相互共存，但一直到 20 世纪五六十年代，强势、专断、纪律的秩序依然占据着明显优势。作为制衡，人们呼唤着后现代社会，并想以此来打破这种主流的结构，此时的西方社会便越发倾向于废除这类整齐划一的架构，普及一种基于关怀、选择、交流、新闻、权力分散以及参与等的个性化体系。由此看来，后现代时期绝非是现代主义冲动的、欲望的终极阶段，与之相反，它是现代主义冷漠的、幻灭的阶段，它主张将社会加以人性化，促进基于个人及其欲望而调整的、简明变幻的架构的发展，调和阶级之间的冲突并消弭革命的幻象；与此同时，麻木不仁在日益增长，自恋在非实体化，过去受到冷待。后现代主义是历史的一个阶段与过程，此时出现了有益于个性化进程的逆转倾向，在逆转过程中，一些新的领域加入进来，由此个性化进程涵盖到教育、培训、休闲、体育、时尚、人际关系、性关系、新闻、作息、劳动等领域，很显然，后来的领域对该进程的抗拒力也是最为强大的。这其实就是一种颠覆，它让贝尔想到了一种后工业化社会，这种社会不是建立在批量生产的工业商品以及工人阶级之上，而是建立在“专业及技术人士”这样的专门阶层之上的社会，它需要在经济技术发展中重视理论知识，重视服务部门（如新闻、

健康、教育、研究、文化活动以及休闲等)。后工业社会，后现代社会，这二者之间互不交叉重叠，尽管它们都意味着一些运动以及随之而来的一些历史性改变的出现；后工业社会强调新社会职业结构，强调以知识为核心的新经济，而后现代社会，如我们所强调的那样，它并不局限于如贝尔所说的文化领域，而是相反，它关注的是一种新型的社会化的成果和扩张。由此，个性化进程几乎触及了社会的每一角落。

后现代时期并不是要与现代主义相决裂，它继续并普及着现代主义中有建设性的倾向，这倾向便是个性化进程，这也就相对减少了现代主义中其他的倾向，如纪律化进程。近来，有些论断以不确定、模仿[①]，或以不合法、笼统[②]为理由，来证明当今时代绝对是历史上的一个新纪元，而这些理由也成为人们对此不赞同的原因。从短期来说，且在不考虑历史因素的情况下，因为只看到后现代在方法上有所不同，便忽视了它多年所追求的事业其实也就是现代个人民主社会这样的一个事实。因此，人们的确过高地估计了后现代与过去的决裂性。与宣扬自由与平等的现代主义艺术同理，后现代社会用流行时尚来凸显个性化进程，并以此来继续着对现代社会核心意义的探求。消费、新闻及享乐的世界本身就是“条件平等”的绝好注释，即便各有所好，但民众的生活水平及品位提高了，妇女也得到了解放，少数人因此而放纵起来，老年人变得不服老了，标新立异变得司空见惯了，所有的人对此都耳熟能详，获诺贝尔奖的作品与畅销书一样受宠，纷纭时事与技术进步、与经济起伏被相提并

① 参见让·鲍德里亚：《象征交换与死亡》，伽利玛出版社，1976年。
② 参见弗朗索瓦·利奥塔：《后现代状态》，子夜出版社，1979年。

论，而且得益于平等概念深入人心，等级差异也逐渐消弭。因此，标识的变换、噱头的轮替仅是民主社会变迁的一个阶段性终点。得益于“文字游戏的泛滥”[①]，个性化逻辑在认知过程中得以被体现，对真实的界定也由此得以被民主化和非标准化，通过清算普遍的共见价值观、通过将当代的“敲打”规则奉为原则，各类结论也得以被一视同仁。由此，对后现代的认识及其规则得以被散播。诸多走红的长篇巨著充当了平等的工具并实现了个人的解放，使得如今的个体不再畏惧各种庞大体系，也不再畏惧一统天下的“真实”，因此个体便注定具有那种实验性的“临时契约”的不稳定性，而这种不稳定性也就是非稳定化以及自恋型的特性化。个性化进程消融了高度的僵化性与高不可攀性，并培育出了一种冷漠的宽容，而且在不受一切至上权威以及现实的参照所禁锢的认知领域内，它还引入了差异权、特异权以及多样化权，由此，对“真实”帝国的摒弃成为后现代的一个显著特征。“真实”其线性的及统制经济论的秩序被纳入到由微观语言集合和各种假说所形成的游离不定的秩序之中。这种弹性进程还解放了习俗，减少了人们的不满，并使得时尚及举止不再有什么标准，让自恋显得熠熠生辉，让“真实”消融不再，语言上的异质化与发散以及理论上的变幻多端表明，后现代的认知过程只是一种多重的、变换的、普遍的不确定，它让我们摆脱了纪律时代，西方的“人权条款”逻辑也因此变得空泛起来。后现代在民主及在个人主义层面上的这种大范围的延续性也有颇多新颖之处可供圈点，如：个别要重于普遍，心理要重于意识形态，交流要重于泛政治化，多样性要重于均质化，宽容要重于强制等。

① 参见弗朗索瓦·利奥塔：《后现代状态》，子夜出版社，1979 年，第 107 页。

托克维尔说过，崇尚民主的民族表现出“一种炙热的爱，它对平等的热爱比对自由的热爱更为持久”[①]，人们有理由去弄明白，个性化进程到底有没有对这种“平等优先”从深层次加以修正。无疑，对平等的要求还在源源不断地出现，但一种更有意义的，当然，也更为必须的要求便是“个人自由”上的“平等”。个性化进程引发了对自由的爆炸性的需求，这种需求体现在各个领域，体现在诸如性生活及家庭生活（可加选择的性，自由施教，无子女生活方式）、服饰、舞蹈、肢体及艺术活动（自由运动，即兴发挥，自由表达）、交流及教育（自由广播，独立劳动）、享乐及休闲、以自我释放为目标的新兴治疗等方方面面。虽然群体性的要求仍被视作就公正、平等及社会认可等大道理进行的一种夸夸其谈，但由于人们正渴求着一种更自由的生活，所以上述理念仍能博取大众一份实在的热情。如今人们能够宽容不平等，但却不能容忍对私生活的干涉；人们对专家治理论不完全反对，对学术及政治精英们也可接受，但对欲望及习俗的规则却无法苟同。以打破常理来迎合个性化进程这一做法将个人解放的愿望表现得淋漓尽致，个人欲望的排序由此遭到了颠覆，个人自立的理念成了后现代的最大赢家。

贝尔有理由去强调享乐主义在现代文化中所具有的地位，但他却忽视了这种价值观自 20 世纪 60 年代以来所产生的一些变化。在经历了一个以性高潮为追求、以高消费代表成功的快乐阶段之后，人们进入了一个大彻大悟的阶段，这便是“后物质主义”。其中，生活品质要重于消费数量；享乐主义自己也被个性化了，它瞄向的是心理自恋主义。而 60 年代便成为这种变化时间上的拐点，理由

① 参见托克维尔：《论美国的民主》全集，第 2 卷第 1 册，伽利玛出版社，第 101—104 页。

有二：其一，正如贝尔所说的，享乐主义的逻辑在60年代得以完善，彼时它与清教徒主义、权威以及异化人的劳动进行了尖锐的斗争，而大众情爱、色情文化以及毒品等现象也大量涌现；其二，这个时代又将一些冷漠的理念推向了前台。在经历了一个阶段的大规模的争议之后，这些理念的出现更是势不可当，斗争意识深入人心，人们批判疯狂的消费、批判铺张的城市生活、批判咄咄逼人的价值观。在社会批判中，人们也进行了自我分析与自主分析，“改变生活”的意志直接触及了与自我以及与他人的关系。尽情享乐、声色犬马、纵欲无度并非我们社会的写照，未来也不可能如此。如今，毒品热已经降温，“欲望”也不再流行，对于精神、心理以及运动的崇拜取代了反文化，感觉替代了声誉，朴素、宴饮交际、环保的生活[①]抑止了占有的激情，在静思、草药、关注身体以及“生物节奏”之间轮换的医疗手段表明了我们与轰轰烈烈的享乐主义之间的距离。后现代主义旨在证实一种平衡，确认人的范畴以及自我回归，尽管同时还并存着某些极端的且粗陋的运动（毒品、恐怖主义、色情以及朋克[②]）。后现代主义是诸说混合的，同时也是冷漠、大胆、宴饮交际、空虚、心理的以及最高主义纲领的，与之共存的还有其对立面，这些组成时代的特征，而不是所谓的毒品以及纵情摇滚的奔放文化。享乐主义的传奇年代业已逝去，多功能情色服务、性杂志的庞大读者、令大多数“性错乱”者神魂颠倒的广告等，都不足以证明享乐主义持续发展的理念是可行的。一些不起眼的信号表明，享乐价值观已出现明显的变化。例如：在美国，一些群体

① 参见洛扎克：《人与地球》，Stock出版社，1980年，第460—464页。

② 朋克（punk）：一种起源于20世纪70年代的次文化。——译注

提出了阳痿的权利，而披着科学外衣的性学也认为有必要对此加以指导，甚至利用各种命令来加以恐吓，由此男人女人们重新想起沉默、孤独、内心的平和以及禁欲的修道院、僧侣、喇嘛寺庙等静修群体的好处。如同其他价值观一样，享乐也无法逃避冷漠的逻辑。享乐排除了自身颠覆性的内容后，轮廓便日渐模糊，优势也日渐消失，它进入了人性化的阶段，原因是人们不满足于被专业期刊用专业词汇来过度解析的享乐。由此，性欲和性关系变得同样重要，情色的要求与交流的要求也同样重要，反常倒错和静修禅思交织在一起，二者和睦共存，绝无冲突。由于各种生活方式的错落相间，享乐也就仅是一种相对的价值观，它旨在寻求交流、内心的平和、健康或者静思；后现代主义扫清了现代主义价值观颠覆性的内容。由此，文化抉择主义昌盛起来。

在当今世上，没有什么比“神圣的回归”一词所表达的东西更让人迷惑。如今大行其道的是东方宗教和智慧（禅、道教、佛教），是诸多欧洲的传统和秘传的教理（犹太教神秘哲学、毕达哥拉斯哲学、炼金术、神智学），是犹太教学院对犹太教法典及摩西五经的潜心研究，是林立的宗派。毫无疑问，这是与启蒙时代相决裂、与理性和进步相决裂的一种典型的后现代现象。源于自我怀疑的现代主义，无法解决“存在”的本质问题，无法发扬文化的多样性，也无法为所有人带来平和以及富足，它的危机来临了吗？在妥协已经不再有任何意义之时，西方的妥协还会再现吗？面对整齐划一的世风，个人和团体还有必要去抗争吗？既然选择了恐怖的灵活性，还会推崇过去的信仰吗？[①] 应当承认，我们就是被这种类型的分析所

① 参见 P. Gaudibert：《从文化到神圣》，Casterman 出版社，1981 年。

说服的。首先，应该要做的便是将因迷恋而催生出的各类神圣化放归原处。个性化进程其实就是以对神的秩序史无前例的背叛为宗旨，当代个人主义在不断地削弱神圣的根基。例如：在1967年的法国，有81％的15—30岁的年轻人声称信仰上帝，到了1977年有62％，而到了1979年则仅有45.5％的学生信仰上帝。另外，宗教本身也受到了个性化的侵扰，表现在人们可以有信仰，但信仰只作为一种选项，既可以保留这种教理，也可以放弃那个教理，既可以是《福音书》《可兰经》，也可以是禅或者佛教，灵修也进入这个自选超市与自助服务密布的光怪陆离的世界。这便是“推翻”，一如劳动和时尚，神圣也被非稳定化了，人们一会儿信奉基督教，一会儿是佛教，一会儿又信奉克利须那神（Krishna）[①] 以及济王公（maharaj Ji）[②]。灵修上的更迭并非由于意识匮乏而起，也不是为了对抗处于支配地位的专家治理论，而是后现代个人主义一种变幻的逻辑使然。宗教的吸引力离不开一种自恋性的非实体化，也离不开寻求自我的自主个体，这种吸引力既无定数也无尺度，即便科学昌明，它也我行我素，这种吸引力是一种短暂却具声势的迷恋，而迷恋则促进了人际关系、营养学以及体育技术的形成。要么重归自我，要么将其排除，要么推崇人际关系，要么倡导个人静修，这种极端的宽容及脆弱性甚至连极为严厉的命令也不加排斥，新神秘主义有一个新颖之处：意识、现实以及心理自恋都被个性化了，而无论赖以为继的“绝对”参照为何物。各种类型的灵修以及秘传学说

① 克利须那神：印度教主神之一。亦称黑天。乃毗湿奴神诸多化身中最得人缘的神祇。——译注

② 济王公：印度古代一君侯。——译注

的出现与当代主流逻辑并不矛盾，它们在促使主流逻辑更加完善的同时，反而为私生活提供了更加广阔的选择和可能。就这样，一种个人主义意识的大杂烩在个性化进程中出现了。

先锋派的枯竭

后现代主义艺术表现为重复老路且日渐单纯化的先锋派的艺术走到了尽头。后现代主义在20世纪60年代便开始了，其间也曾一度摇摆不定，它在60年代“根本没有进行美学领域内的变革”，仅在文学创作上有些革新。此外，便是一些翻新过去的临摹艺术、暴力、残忍以及嘈杂等。在贝尔看来，失去了一切尺度的艺术坚决否认在生活与艺术之间有界限线的存在，拒绝承认在观察者与事件之间有距离感的存在，一切只为获得一种直接的效果（情景剧、机遇剧以及生活剧）。60年代的人们致力于“重新寻找激情的本源”；一种非理性的感觉变得奔放起来，它总是要求更多的感觉、冲击及情感，诸如“身体艺术”以及尼采所谓的礼仪场景等。艺术家们打破行规，将“自然”以及自发性作为一种理想境界，他们主张一种即兴发挥[①]；而文学则是偏爱痴狂、污秽、道德败坏和性堕落等主题，这是“一种精神上的新知觉以及一种意识的反馈”，一切限制均被打破，目的在于获得一种放纵、滥情的自由，在于获得一种个性、本能的赞扬。后现代主义仅是当代道德败坏以及美学堕落的一

① 如美国诗人金斯堡（Ginsberg，1926—1997）以及美国作家凯鲁亚克（生于1922年）都是主张即兴发挥的代表人物。——译注

种另类表达方式。总之，这是一个毫无新意的理念，H. 雷德（Read）早在 50 年代初期便已经写道："年轻人所做的仅是一种延后的反应，是一种历经三四十年的积聚之后的爆发。"

那种认为先锋派自 1930 年之后便止步的说法肯定是一种极端的判断，是让人无法接受的，对此的反驳非常简单，因为很容易便可列举很多的创新者以及独树一帜的运动来。纵然这种说法有些夸张，但它仍揭示出了当今存在着的一个最为奇特、现实、社会的以及心理的问题。事实上，总体看来，与过去决裂的现象越来越罕见了，似曾相识的感觉比比皆是，耳目一新的感觉却不多见，即使有变化，它也是呆板的，人们不再有生活在变革时代的感觉。先锋派创造性下降的趋势与其所感喟的困难是相吻合的，"奉'主义'为时尚在如今已经成为往事"，世纪之初那些响亮的宣言及其宏大的声势如今已不再符合时代潮流了。虽然先锋派举步维艰，但这并不意味着艺术即将枯萎，也不意味着艺术家不再有想象力，而是说最为要紧的事情已经有了变化，即不再试图用决裂来表达创新，而是要追求"主观上"、修修补补或勉强为之的一类东西，也即不再寻求那类锦上添花般的纯"新颖"。和政治恐怖主义或坚定的革命言论一样，先锋派也走向了空虚，而且这种艺术试验仍在继续，结果便是除了一些零星的超越，只有空洞、雷同和乏味，艺术进入了沉闷的阶段。尽管有一些空泛的声明，但永恒的变革却在艺术中找不到用武之地。仅有几部"实验性的"电影聊以自慰，但可以肯定的是，人们已不再从商业发行和叙述—表现来考虑这些"实验性的"电影，而是走向了极端：为了中断而中断拍摄，为了连续而连续拍摄，其中，一切都是不变的，一切只是手段而非研究验证。让-马里·斯特劳布（Jean-Marie Straub）的电影记录的是单调乏味的气

喘吁吁的公路旅程，而此前，沃霍尔（A.Warhol）已经拍摄了一个男人睡眠的六个半小时以及帝国大厦的八个小时，在这里，电影的时间和真实的时间长度是一样的。人们对此的评价便是“坐享其成的摄影”。除此之外，杜尚的手法则更像是一场豪赌，它颠覆了艺术的情感、职业以及事业的概念。同样的情形六十年之后再次出现，但这次，时间则是越发长了，而幽默则是越发少了，小便池旁的行动成了混乱开始的信号，也成了先锋派非实体化的信号。实际上，在随身听、电子游戏、帆船比赛、商业大片中以及在对“本该如此”的叙述一语言进行解构的过程中，均出现了许多类似的令人惊异的、大胆的试验。后现代的情形表明，艺术不再是一个变革的领域，也不再具有先锋和开拓者的地位，在一种业已定型的极端主义中，它渐渐枯竭了，它所塑造的主人公也不再有新意。

但也正是在这个时代，“后现代主义”概念在大西洋彼岸以及欧洲同步日渐盛行起来：一方面，似乎可以将其理解为对不惜代价追求革新以及沉迷于创新的批判；另一方面，似乎也可以将其理解为对在现代主义中萎靡不振的传统、场所以及修饰的一种补偿。它一开始抨击的是建筑界，如今抨击的是绘画界，矛头直指先锋这个概念及其所涵盖的精英主义、恐怖主义、刻苦等。这就是后现代主义，或者说是后先锋主义。现代主义是排斥性的，但“事实似乎证明，后现代主义却是包容性的，它连对手的纯洁主义也加以包容，甚至是加以整合”[①]。后现代主义的意义不在于创造新形式，而在于包罗所有最为现代的形式。为了追本求源，于是传统便成了最为鲜活的灵感之源，也即创新之源，现代艺术本身也成为诸多传统中的

① 参见查尔斯·詹克斯：《后现代建筑语言》，Denoël 出版社，1979 年，第 7 页。

一个。随之，甚至连一些徘徊不前的被禁止的价值观也都被重新捯饬一番，借以对抗现代主义的冒进。由此，在同一个行业里盛行着的是折中主义以及各种混杂，其中既有修饰的、暗喻的、趣味性的东西，也有乡土的以及历史的东西。后现代主义所反对的是现代艺术的单向性，真诚呼唤的是一些荒诞、轻松、混杂的作品，“事实上，后现代主义最为代表性的建树在于证实了一种明确的二重性，一种有意为之的精神分裂”[①]。无疑，后现代复兴主义无法摆脱一种普遍的对于旧时尚的迷恋，对该现象的理论阐述清晰地表明，它的意义并不能仅用一个简单的怀旧就可以涵盖。

关键之处在于后现代主义既不是要摧毁当代各种框架，也不是要再现过去，而是要让各类风格和谐共处，要缓解传统与现代性之间的对立，缓解本土与国际的矛盾，打破对抽象、对具象的偏执。一言以蔽之，后现代主义旨在使得艺术空间能容纳这样一个社会：不再有顽固的意识形态，只有基于参与和选择的各项制度，身份与角色模糊，个体浮躁而宽容。但要认为这是贪婪的资本所执着的一种快速商业化战略，或如一位当代批评家所言，它是一种“被动的虚无主义”，那么则是过于小看它了。后现代主义是对个性化进程的记录与呈现，它与各种形式的排斥与统制经济格格不入，它用自由选择来代替权威的预设限制，用奇异的混合来代替僵化的“条框”。后现代主义的价值在于它揭示出：由于先锋派价值观面向的是未来，因此第一个采用开放的逻辑秩序的现代艺术，依然离不开一个统制经济的时代。现代艺术既是一个妥协的产物，也是一个“矛盾的”现实，起因便是未来派的“恐怖主义”与灵活的个性化。

① 参见查尔斯 · 詹克斯：《后现代建筑语言》，Denoël 出版社，1979 年，第 6 页。

为解决这种矛盾，后现代主义需要将艺术从先锋派的刚性条框中解放出来，还需要创作一些只接受个性化进程支配的作品。这样一来，后现代主义便与我们开放的、后革命的社会息息相关，它把不断扩大个人的选择、提高个人的综合能力当作己任。用包容来替代排斥，合理化各个时期的各类形式。由此，自由创新便不再一定要拘泥于国际风格，它存在于灵感之中，它的变幻组合是无止境的，“折中主义是自由选择的文化本质上的倾向”[1]。在 20 世纪初，艺术是变革的而社会却是保守的，但伴随着先锋派的崛起以及个性化进程带来的社会混乱，社会已不再保守。如今，社会、习俗以及个体自身的动荡比起先锋派时期是有过之而无不及，由此看来，后现代主义是一种尝试，尝试通过减少、软化一些运行规则来为艺术重新注入活力，以营造一个变通、可选择的社会，减少诋毁的发生。

后现代主义关注文化遗产、关注一种“专门的”杂说，[2] 表现出迥异的价值观以及视角，表现出与现代逻辑的决裂。但从很多方面

---

① 参见查尔斯·詹克斯：《后现代建筑语言》，Denoël 出版社，1979 年，第 128 页。

② 奇怪的是，似乎是那逆向的进程在警惕着哲学上的变迁。20 世纪 60 年代及 70 年代初是先锋主义的时代，该时代的原则便是诸说混合，目的在于打破界限与疆域、拆解概念，在离散的纪律和对立的理论之间建立起联系。由此，概念便采用了开放、非稳定化的战略，出现了弗洛伊德-马克思主义、结构主义-马克思主义、结构主义-弗洛伊德主义、反传统精神病学（试图将存在主义、心理分析及社会学的概念应用于精神病治疗的学科。——译注）、精神分裂分析、性欲经济学等；哲学不再故步自封，它也采用一种不定的风格。但这种不合常规的革命阶段似乎又让位给了这样的一个阶段，其中，纪律再次显示出了威严，哲学重建了领地并赢回了在人文科学的影响下曾短暂失去的清白声誉。后现代主义艺术是幽默的诸说混合，是严格而寡欲的“精神后现代主义”，它鄙视混杂，仿佛置身于艺术的“疯狂岁月里”或者置身于表达需求的精神分裂症中，因而找寻不到自身的模式。身份再一次成为挚爱。后现代主义艺术与博物馆、与后现代哲学结合在了一起，但代价便是历史和社会现实受到了排斥，艺术复归为平庸的经验论。复归“存在”的理念以及形而上学的游戏，这并不是一个简单的翻拍，而是自恋时代在哲学上的一种展示。

来看，这种决裂由于过分明显而显得不太真实。一方面，后现代的艺术必须要借鉴现代主义的精髓，要与现代主义决裂，也只能通过额外的“标新”才能实现，也就是重组过去，这在本质上与现代主义逻辑仍是一回事。但这并非不切实际，推崇创新现在不会、将来也不会被淘汰，至多也就是“降降温”不要太狂热而已。另一方面，如果说现代主义旨在不断地搜罗一些新主题、新素材以及新表现手段，旨在普及化、大众化美学，那么后现代主义只是在此基础上更上一层楼而已。自此，艺术便包罗万象了。其中，记忆得到了重视，现在与过去得到了平等对待，各类风格也得以和谐共存了。后现代主义在这方面是忠于现代主义的，因此它总是被定义为一种开放的进程以及一种疆域的拓展。最终，后现代主义宣告自己的志向并不在于先锋派的唯求新是举，而在于抛弃极端的革新理念，脱去自己现代主义精英的装束，迎合大众的口味兼满足创新者的要求，并由此基于平均主义策略，艺术革新的主张以及等级制的形象也遭到了删改。后现代主义仅是一种表面上的决裂，它进一步完善了对艺术的民主化改造，继续致力于消弭艺术的距离感，并将开放的个性化艺术发挥到了极致，它兼容并蓄所有的风格，它认可最为离奇的建构，它从定义上动摇了现代艺术。

后现代运动致力于开创民主主义个人艺术的未来。那些主张“自由构思”的新浪潮绘画派们自诩与先锋派反向而行，他们表示拒绝再玩创新比赛的游戏，要求有成为自己的权利，成为平凡而又普通、没有天分的自己，他们要求有自由表达自己的权利，可利用各种手段而不必顾及创新与否。由此，“糟糕绘画派”出现了。在宽容的折中主义影响下，“绝对的现代是必要的”被自恋的后现代的“绝对的自我是必要的”所替代了。人们别无所求，只有淳朴无

华、不予雕琢的艺术——它洒脱而自然，一如与世无争的自恋型的社会。艺术作品的民主化与个性化日趋完善，在一种不确定且掺了水的个人主义氛围下，艺术、时尚以及广告不再如鹤立鸡群，它们仿佛如流星划过夜空，虽耀眼却短暂且让人迷惑，其中的新颖之处便正是艺术不再索求新颖这一点，即便是创新，也是为了嘲弄创新。后现代主义所推崇的便是一种尝试，尝试以平淡无奇为卖点，尝试化腐朽为神奇；后现代主义在此也学会空虚、絮絮叨叨以及空穴来风，它还推崇广告样的艺术机制，夸张性的品牌打造便是对此最真实的表达。“跨先锋派”的手法或者“自由构思”，它们根本不是源自“被动的虚无主义”，也没有借助任何的否认成分；是非稳定化进程，是它堂而皇之地主宰了艺术，所借助的便是不加辨析的混合及兼容并蓄。和一些伟大的意识形态一样，无论是先锋派还是“跨先锋”艺术，都受到了一个空虚、时尚以及市场的逻辑所支配。

官方艺术受到个性化进程以及民主化进程的冲击，而此时，个人艺术创作的欲望也在不断膨胀着。因此，后现代主义不仅意味着先锋派的没落，也意味着艺术团体和主张在同步传播、扩张。业余戏剧团体、摇滚乐队层出不穷，音像、舞蹈备受追捧，艺术行业、艺术家、某种乐器的学习以及作曲等都备受推崇；对艺术的这种狂热只有体育和旅游可与之相媲美。所有的人或多或少都有一种艺术上的表达愿望，人们真正地进入了个性化文化异彩纷呈的时代。现代主义是一个艺术家们革新创造的阶段，而后现代主义则是一个所有人自由表达的阶段。让大众有机会消费一些高档文化产品已经时过境迁了。如今，处处都有一种真实、自发的且民主化的艺术实践，它与执着于自我表达、创造性的自恋个性相得益彰，尽管这类艺术实践是以一种我行我素的方式来进行的，而且为了顺应时代，这种

实践的旨趣也是飘忽不定的，或是钢琴，或是绢帛绘画，或是现代舞蹈，或是综艺游戏。很显然，是个性化进程让这种大众文化的出现有了可能，让大众文化发展有了拓展的空间，让表达受到了重视，让创造性受到了青睐。但令人惊异的是，先锋派在这其中也发挥了作用，它通过不断地验证一些新颖的题材与手法，通过不拘一格地挖掘想象力以及理念，从而为这大众文化的形成奠定了基础。现代艺术打破了一些美学上的规约，使艺术领域得以全方位对世人开放，得以接纳一切形式的表现形式。先锋派让各种艺术手段与尝试都变得简单化以及合理化了，它为大众艺术表达的兴起起到铺垫的作用。

民主的危机

如果说艺术现代主义不再能够在社会上掀起波澜，那是因为基于享乐主义的大众文化盛行起来，它与技术经济秩序发生越来越公开的冲突。享乐主义是资本主义矛盾在文化上的体现，这是因为“商业行业一方面希望劳动者干得多，挣得少，享受得迟，一言以蔽之，劳动者要像机器中的一个齿轮。而另一方面，商业行业又要鼓励娱乐、休闲以及放松，即要人们白天尽心尽职，晚上纵情享乐”。这只是一些不协调，而不是与生产方式伴随而来的导致资本主义出现各种危机的矛盾。贝尔以功利主义等级经济秩序与享乐主义要求之间的差异为理由，令人信服地阐释了每个人在每一天所经历的这种基本矛盾。但是，无论个性化的举措是多么地灵活、丰富，至少在一个可以预见的未来，这二者之间的紧张关系将不可能

得到明显缓解。“冷待”的要求遇到客观上的限制，因为劳动历来都是必须的，与对享乐的要求相比，对劳动的要求依然是僵化、不近人情和武断的。自由空间以及个性化越多，劳动就越显得枯燥乏味，精神也就越空虚。可以说，让人唯一感到充实的地方便是“自由的我”的私生活。出乎持乐观主义的“第三次浪潮”信奉者们的意外，灵活的作息制度、家庭办公以及业余工作，这一切都不会改变时代的主流特征，即一项单调、乏味但必须的工作与一种尽情释放自我、尽情享受自由和娱乐的愿望二者之间针锋相对的特征不会改变，而各对立面共存、非稳定化以及离析分化成为我们特有的生活方式。

然而，要想明确经济与文化之间的结构却并不容易，从本质上而言，这样一个理论将会遮掩文化真正的架构，也会蒙蔽资本主义的激励作用以及享乐主义“生产样”的作用，它还会过度简化、概括化文化矛盾的本质。在“经济基础”里，文化要服从于强势的管理规范，这点明显表现为文化产品也被工业化了，文化也要遵从一定的效率以及盈利规则，同样也需要通过广告宣传造势以便推广销售。与此同时，经济技术的发展也离不开商品促销、享乐主义、时尚、大众、交际、动因研究以及工业美学。由此看来，生产将现代主义文化价值观加以整合并为己所用了，而在“辉煌三十年”及其后，对消费品的需求又使资本主义得以摆脱了生产过剩及其周期性的危机。很明显，享乐主义本身便是资本主义维持运转以及实现扩张的一个条件，在此条件下，将享乐主义看成是资本主义的矛盾所在又怎能站得住脚？没有了旺盛的消费需求，便没有了经济恢复，也没有了可能的中长期经济增长。消费表现得像是把个体整合进社会的一种灵活的工具，像是一种调和阶级矛盾以及一种打消革命念

头的手段。如此一来，又该如何看待这种二律背反的文化理念呢？享乐主义在此已不是一个单纯的线性悖论了，因为它在制造出一些冲突之际，却同时也在平息另外的一些争端。消费以及享乐主义使尖锐的阶级对立得以化解，但这要以普遍的主观意识危机为代价。我们社会中的矛盾不仅源自文化与经济的背离，也源自个性化进程本身，源自系统、自恋型的个体化及微型化进程。因此，社会越是人性化，失落感也就越常见；宽容及忍让越多，对自己也就越发不信任；越是长寿，也就越害怕衰老；工作越少，也就越不愿意去工作；习俗越是放开，空虚感也就越是强烈；交流与对话越是制度化，个体也就越发感到孤单、越发感到难以适从；福利越是完善，抑郁感就越强烈。消费时代制造出了一种普遍的非社会化，它微妙且难以觉察。社会混乱已没有了章法，而有针对性的排斥也不再有纪律性可言。

对于贝尔来说，享乐主义原本是一场精神危机，它足以撼动各类自由体制。享乐主义是以消灭“循规蹈矩的良民”（civitas）、以构建自我中心论、以冷待公众利益、以对未来的信心及各项制度合理性的丧失等为自己不可动摇的目标。通过推崇对自我完善的追求，消费时代瓦解了公民责任感，削弱了人们的斗志以及干劲，它不再提供高尚的价值观以及期待的理由，建立在新教所主张的劳动神圣化基础之上的美国资本主义失去了传统意义上的合理性，它无法提供一种成系统、整个社会都需要的动因和实证，而没有了这些，一个民族的活力便将枯竭。无疑还有其他一些因素在发挥着作用，如种族问题、富足社会中的贫困现象、越南战争、反文化等，都对美国的信任危机起到推波助澜的作用。伴随享乐主义出现的是随处可见的经济衰退，一种悲观失望的情绪蔓延开来，一种体制难

以驾驭的情绪，而从中则容易滋生出恐怖主义的过激行为并造成民主社会的崩溃。文化上的危机造成了政治上的不稳定，“在这种情形下，一个社会的传统体制以及民主手段也被瓦解了，不可理喻的戾气蔓延开来，人们期盼着一个天神授意的人出来力挽狂澜”。只有从政治上采取行动，遏制这些无止尽的欲望，兼顾公、私领域，并对猥亵、色情、错乱再度加以适当的限制，才能使得民主制度变得重新合理起来，“即便抛弃资产阶级的享乐主义，也可以依靠政治自由主义的价值观来获得合理性”。新保守主义政治以及道德要求是治疗资本主义痼疾的良方。

个体们的私有化倾向、现实与理想的差距、公民良知的丧失，这些既不代表着有一种“随时爆炸的可怕的混合物”的存在，也不预示着民主社会要走向衰亡，但从中却显露出一丝民主合理性全面强化的迹象。政治的非理据化与个性化进程的发展不无干系，后者抚平了革命年代所造成的伤痕，消除了剧烈暴动的隐患，催生出一种模糊却普遍的对民主游戏规则的认同感，后者这种辅助作用不应被隐匿。难道是民主社会的合理性发生危机了吗？我们不这样认为，没有任何政党会拒绝用和平竞争手段来问鼎权力，如今的民主化运作是从未有过的，民主社会没有内部公开的敌人（除了极少数不得人心的恐怖主义集团），它建立在坚如磐石的多元体制的基础之上，它与习俗、与矗立在永恒选择中的个体配合极为默契，它憎恶专制以及暴力，它宽容且渴望进行频繁的没有巨大风险的改变。当看到美国主要依靠习俗来维持民主制度时，托克维尔感慨“人们对法律、对习俗寄予了太多的期望”。如今的情况也的确如此，个性化进程不断怂恿人们去追求自由、选择以及多元化，由此，一种洒脱、磊落、坦然面对差异的个体应运而生了。伴随着自恋的蔓延，

民主的合理性逐渐占了上风，尽管是以一副冷淡的面目出现。由此，民主体制、政党多元化、选举、持不同政见权、知情权等，与自助、实验、自由组合的个性化社会之间的联系变得越来越紧密。虽然公民们不再行使自己的政治权利，虽然政治热情不再，虽然政治家着眼于作秀，但对民主的执着却丝毫不减。即便个体们沉迷于私生活，但也不能因此便草率得出结论说他们不再关心政治体制问题，因为政治意识上的冷漠与一种模糊、游移却真实的对民主体制的共见并不矛盾。纯粹的淡漠并不意味着对民主也淡漠，它只意味着在情感上对主流意识形态参照体系的一种疏远，意味着对于选举事务的厌倦以及对政治花招的熟视无睹，但在角逐民主之际，这却变成一种政治“气候”。依靠个性化进程所形成的各种联系，那些仅关注私生活的人依然能与社会民主体制息息相通。纯粹的冷漠与共存在后现代里的各种对立有着相似性。例如：人们虽不去投票，但却对投票权情有独钟；人们虽然对政治进程没有兴趣，但对政党的所为却计较有余；人们虽然不读书、不看报，但执着于自由表达。那么，在交流、超选择及大众消费时代，又会是怎样一副情形呢？在致力于让民主合理化的同时，个性化进程也在推崇自由以及多元化。无论非政治化到了何种地步，“心理的人”也不能对民主无动于衷，因为在灵魂深处他总是一个“民主的人”。无疑，合理性与否不再取决于意识形态，而是取决于对它的关注度；当代纪律的意识形态不再有合理性，取而代之的是一种宽容的、就生活方式所达成的共见，民主由此变得不重要了，它仅是一种环境，或是一种氛围。“非政治化”从民主阶层那里赢得了一种无声、隐晦、非政治性的赞同，这已为我们所证实。对西欧的政体，贝尔感到不安，但事实呢？在意大利，尽管有一些耸人听闻的恐怖活动，但国会政体

仍得以维持，尽管它仍处在不稳定的平衡中；在法国，虽然社会主义者取得了胜利，但也没有引发阶级对立，也没有造成形势紧张，法国仍在正常运转，一片太平；尽管一场经济危机造成了千万人失业，但欧洲丝毫没有受到社会斗争以及暴力政治的拖累。对于这种现象，除了用个性化进程，除了用个性化进程所塑造出的冷漠、宽容的个体，除了用那博大精深、全民认可、合理有效的民主秩序，还能用什么来解释呢？

此外，还有与平等相关的各种矛盾。按照贝尔的观点，西方社会之所以爆发经济危机，部分可归因于享乐主义导致的工资的不断上涨，还归因于国家出于公平考量而造成的社会支出的不断增长，不过这种开支上的增加不能从生产中得到等值的补偿。自第二次世界大战以来，鉴于国家功能越发完善，国家从而变成了社会的控制中心。为了实现公共目标，国家受到了越来越大的压力，不得已便开始损害私人的利益，以满足各种集体的而不再是私人的权利需求。由此看来，后工业化社会是一个“集体社会”。[①] 我们生活在一个“诉求革命”的社会，社会各个层面都对权利表达了特定的诉求，并且经由的是集体而非个人，这是一个以平等理念为基础的“新权贵的革命”，它导致政府公共事务（健康、教育、社会救助以及环境）开支急剧增加。这种诉求的迸发与后工业时代对服务业的强调是分不开的，不过服务部门生产率的增长也是最为缓慢的。因此，“就吸纳劳动力而言，服务业变得越来越重要了，但这势必要拖累整个经济及生产率的增长。此外，劳动力的这种转移也造成公共以

① 参见丹尼尔·贝尔：《后工业社会的来临》，P. Andler 译，Laffont 出版社，1976 年，第 203 页，第 417—418 页。

及私人服务业的成本陡然上升”[1]。服务业的兴旺、成本的上升以及福利国家社会公共开支增加等，造成了源于生产率失衡的一种结构性的膨胀。享乐主义和平等一样，它们以其“巨大的胃口”加深了一种“旷日持久、影响深远的”危机，原因是“民主社会的诉求是民主社会的生产力无法满足的”。

由于本文篇幅有限，不便就资本主义以及福利国家经济危机的本质加以讨论，即便简要回顾也实属不易。在这里仅特别强调一下这种危机，它促使一个与马克思主义背道而驰的思想最终还是接受了马克思的某种精辟分析，并依据客观矛盾（即便矛盾的是文化，而不是生产模式）、依据近乎必然的规律对资本主义进行了再度分析，而正是在这些规律的作用下美国人丢掉自己在世界上的霸权，让美国在20世纪末变成一个“老朽的食利者”。这一切并非说笑，这一切都是手段，是一些把福利国家从金融危机中拯救出来的手段，它们矛头直指享乐主义以及平等文化，这一切让人不禁想到后工业社会是否即将走到尽头。[2] 实际上，贝尔是通过将经济与平等割裂开来的做法，来物化资本主义的这些对立，来否认有弹性的民主政体、革新以及辉煌历史的再现。虽然在平等与效率之间有一种明显的紧张关系，但这并不足以证明二者之间就有矛盾。那么，“矛盾”或“相互脱节”到底意味着什么？实际上，这种图式表达得很明确，对一个必然要衰落的体制而言，要么是该体制有一种结构性的危机，要么就是其中有一些深层次的摩擦，之前，对付这些摩擦

① 参见丹尼尔·贝尔：《后工业社会的来临》，P. Andler 译，Laffont 出版社，1976 年，第 200 页。

② 同上，第 201 页。

可用的手段便是干预。平等与功利难道水火不容吗？很明显，平等是一种弹性的价值观，这点可从有关薪酬与价格的经济术语中得到解读，另外还可依据政策选择对其加以调整。而在另外一些场合，贝尔谈及平等时，认为它“在我们看来，是意义确切的政治优先”[①]。平等与效率并不矛盾，这点随处可见，但关于平等就是效率这点，它或是确切的，或是要随经济形式而定，而依据便是诉求的缓急及其所造成的压力，或是这样或那样关于平等的“政治”。但尤为要注意的是，在这里，民主在结构上被后置了，因为经济上的困境大得难以想象，轻则会导致社会匮乏，重则很简单，即社会破产。平等不仅会造成功能失调，还会让政治与经济体制寸步难移，难以“理性化”，难以创新，平等既是一个导致失衡的因素，同时也是历史创新的因素。就这样，一些新的社会政策也变得难以捉摸起来，但主旨应当是重塑社会团结，而不是造就一个“最低限度的政府”。福利国家的难处在于它不能终结再分配的社会政策，至少在法国是如此，也许它只能终结僵化的或均质的平等，由此造成“体制的分裂，它既是保护那些贫苦卑微者的一种制度，也是保障最富裕者的一种手段”[②]，如没有这样一些重大的风险与权利，平等也将会进入不平等分配、个性化、灵活的时代。P. 罗桑瓦隆（Rosanvallon）[③]有理由认为，福利国家现实中的危机，不仅意味着金融方面出现的困难，还意味着社会对国家的信仰产生全面动摇，因此他将危机看

---

① 参见丹尼尔·贝尔：《后工业社会的来临》，P. Andler 译，Laffont 出版社，1976 年，第 363 页。

② 由于人们无法走出一种平等文化，因而人们无法平衡那些缺陷。参见 A. Minc：《后危机的开始》，伽利玛出版社，1976 年，第 46—61 页。

③ P. 罗桑瓦隆：生于 1948 年，布鲁瓦人，圣西门基金会秘书长，致力于消除经济上的不平等。——译注

作对平等价值观的怀疑，但这点的确难以理喻，因为“如果福利国家全面陷入这样一种怀疑，那么作为一种价值观，平等还会有未来吗？”[①]事实上，平等作为一种价值观并没有遭到质疑，减少不平等一直以来都是一种诉求，无论什么样的困难，都绝非质疑平等的借口。虽有主张平等的官僚主义政治，但实际效果却不佳；虽有旨在减少不平等的各种补助，却呆板且效率低下；虽有名目繁多的津贴构成的统一的免费的补偿机制，但它却妨碍了再次分配，在“福利国家”里，尤其在美国，正是这些原因导致人们的不满情绪。但这并不是说要消灭平等，而是要以更加灵活的手段、以集体最小的代价来实现平等。由此便出现了一些新的理念，如“免税赋”“针对个人的直接救助”，教育的、健康的以及住房的“信贷”等，[②]目的便是让平等价值观能与个性化的、重视个人选择权的社会相适应。平等走出了整齐划一的现代阶段，走进了后现代阶段，在这个阶段里，自由要比平等更加重要，要依据真实收入来对补贴进行调整，要对再分配形式加以个性化以及多样化，社会保障体系也要与个人保险体系相结合。人们批评免费服务，抨击对公共资源的垄断，呼吁开放并私有化服务行业，一切都在朝着后现代的方向发展着，即要重视自由，而不是平均主义，要重视人以及企业的责任感，要求它们能有更多的灵活性、创新以及选择。后现代主义运动通过减少个人及制度的僵化性来回应民主的危机，国家对社会的直接管理越少，一体化的政体越少，社会和个人的能动性、多样性以及责任感

① 参见 P. 罗桑瓦隆：《福利国家的危机》，Seuil 出版社，1981 年，第 36 页。

② 参阅亨瑞 · 勒帕基（H. Lepage）：《资本主义的明天》，见《合刊》集萃，R. Laffont 出版社，1978 年，第 280—292 页。

就会越高，这些新的社会政策将和大众消费一样，会在一定的时期内持续发挥出开放的功能。福利国家的危机其实是一种加强社会责任感的传播手段，一种提高协会、联合会以及地方组织地位的手段，一种缩小社会与国家之间等级梯度的手段，一种利用“组织灵活性来应对个人灵活性”[①] 的手段，一种能够让国家适应一个崇尚个人自由、多样化并旨在消除隔阂的后现代社会的手段。个性化的大门为国家敞开了，国家自此可以自我调整来适应一个灵活且开放的社会，可以摆脱僵化的官僚主义及政治距离感，尽管这些东西如社会民主一样，本意都是好的。

① 参见 P. 罗桑瓦隆：《福利国家的危机》，Seuil 出版社，1981 年，第 136 页。

L'ÈRE DU VIDE

第五章

幽默的社会

很久以来，人们一直都在关注由大众媒体所渲染的大规模的戏剧化现象，如危机气氛、遍及城市与乡村的不安全感、丑闻、灾难以及令人唏嘘的访谈等。这些报道在表面的客观性之下，实际目的在于激发情感，在于制造“伪事件”，在于复制出一些轰动性的场景，在于创造出一些悬念。不过，人们很少注意到一个前所未闻的且几乎是反常的，但在日常生活中却是司空见惯的现象，这便是幽默蔓延。广告、动画节目、宣传口号、时尚等，采用越来越多的幽默风格。“喜剧”激发了人们的特别兴趣，以至于一家旧金山报刊因为取消了舒尔茨[1]的连环画《花生豆》遇到读者群锐减的情况。甚至连一些严肃的传媒也开始慢慢附和起这种世风，这是由于人们只注意日报、周刊的标题或者小标题，甚而在阅读哲学或科技文章时也是如此，大学也更加注重玩弄文字游戏以便吸引眼球。与其他一切相比，一直将幽默视作组分之一的艺术更是有过之而无不及，在杜尚看来，事实上，一些作品与幽默的价值取向及承载已经密不可分了，反文化、超现实主义、摇滚艺术、荒诞剧等一类的作品便是如此。这种现象已不再局限于制造出一些幽默的符号，即便纯粹是为了娱乐大众。它还表明，我们的一切价值观以及“意义”都处

① 查尔斯·舒尔茨（1922—2000）：美国著名漫画家，其所创造的小狗史努比形象风靡全球。——译注

在不可避免的变迁之中，如从性变迁到他者，从文化变迁到政治，尽管这一切并非出于我们所愿。由此可见，后现代的无信仰以及新出现的虚无主义等，它们既不是无神论的，也不是灾难性的，它们是幽默的。

从荒诞喜剧到流行幽默

我们的时代并不囿于单一的喜剧，而且还远非如此。在包括原始社会在内的所有社会里，喜悦和微笑一直具有着相当的分量，只是人们过分低估了其重要性而已，人种学研究已表明原始社会也有喜剧神话和膜拜。虽然每种文化有自己所推崇的喜剧模式，但只有后现代社会能够称得上是“幽默社会”，而且唯有它能够依靠一个旨在消融对立的进程，也即消融严肃与非严肃之间有时甚至是尖锐的对立，从而得以全面建构起自己。和其他划分一样，得益于一种普遍性的幽默，诙谐与正经的划分也变得模糊了。自从国家社会建立起来之后，诙谐与正统的规则、与宗教、与国家便产生了对立，这样便出现主流世界之外的一个世界。在中世纪，它是一个流行的荒诞不经的世界；在古典时期，它是一种自由的讽刺的主观意识世界；而如今，在蔓延的幽默现象的推动下，整合社会生活各个层面的二元性结构走向瓦解，即便我们在全力捍卫它。狂欢节和节日不再仅作为民俗形式而存在，而其所承载的社会相异性原则也成为齑粉，它们带着一身幽默的气息来到了我们的面前，这着实让人奇异。一些暴力的宣传失去了劲头，自编自唱的艺人也不再是主角，一种无伤大雅的新的娱乐形式出现了，它既没什么负面消极影响，

也没表达什么信息，这成了时尚、新闻报道、无线节目、广告以及众多连环画的幽默特征。喜剧远非民众或其意识的节日，它变成了一个普遍的社会命令、一种“酷”的氛围、一种持续的环境，日常生活中的个体便被这些所包围着。

从这样的视角来观察，那么自中世纪以来总共出现三个主要的喜剧历史阶段，每一个阶段都有自己鲜明的特点和原则。在中世纪，大众喜剧文化与节日、狂欢紧密相连，一年之中，这类活动共耗时三个月。在这样的背景下，喜剧与“荒诞现实主义”①结合在了一起，原则是通过对物质与肉体生活展开狂想，对崇高、伟大、权势、神圣加以“贬低”。在节日的空间内，精神的、理念的一切都被触及，形体的、身体的（吃、喝、消化以及性生活）一切都被加以利用、模仿。宗教象征和仪式受到了最为离奇荒诞的嘲弄，而这也成为微笑世界的欢乐之源。在模仿庄严礼仪的滑稽装扮中，小丑被加以膜拜或揭露，就这样，在狂欢节里，等级制度被颠倒过来，小丑被全体民众奉为国王至尊，然后再对其加以冷嘲热讽，并在其统治结束后对其进行殴打；在“疯子的节日”期间，人们推选一位修道院院长教士、一位大主教以及一位假面的教皇，他们唱起荒唐的淫秽小调，在举行礼拜仪式唱圣歌的场所，将祭坛当成了暴食珍馐美味的桌子，并用排泄物作为供奉。在宗教弥撒之后，污秽的滑稽模仿仍在上演着，“教士”满街奔跑并将粪便泼在围观的人群身上。人们也可将一头驴子引入教堂以

① 米哈伊尔·巴赫金作品的主要内容便是关于这一时期的通俗喜剧历史，它为我们提供了大量极为有用的有关喜剧史的全面解释。我们在此所做的分析大多受此启发。参见米哈伊尔·巴赫金：《中世纪通俗文化及文艺复兴——论弗朗索瓦·拉伯雷的贡献》，伽利玛出版社，1970 年，第 28—29 页。

代替弥撒，在弥撒结束后，神父开始大呼小叫，而信徒们也随之照办。一直到文艺复兴时期为止，充斥文学喜剧作品（宗教信条和仪式的滑稽模仿）之中的便是这种荒诞狂欢的形式与模式，同时还伴有笑话、玩笑、诅咒和辱骂等，人们始终都是以作践圣事来取乐，拿冲撞规则来搞笑。整个中世纪的喜剧倒向了滑稽荒诞，但切不可将其与当代的滑稽模仿混为一谈，因为当代的这类模仿几乎都是一种非社会化的、形式上的或“美化的”滑稽模仿。喜剧装扮是一种象征符号，它通过贬损以化腐朽为神奇。通过上下颠倒，将一切尊崇与高尚的东西打入现实的深渊，以将其置之死地而后生。中世纪的喜剧是“双重意义的”，它要以毁灭（贬损、嘲弄、辱骂和亵渎）来更新，来革新。[①]

大众节日幽默的解体进程自古典主义时期起便已经开始，而在此时，一些讽刺、娱乐的、文学的新式喜剧也开始出现，并与那荒诞滑稽的传统渐行渐远。以淫秽、粗俗为基础的幽默，在剔除了搞笑的、粗俗的与滑稽夸张的因素之后，转而朝向纯意识上的讽刺，针砭某些习俗和代表人物。喜剧不再是象征性的，而是“批评性的”，这点体现在古典时期的喜剧、讽刺作品、传奇、漫画、时事讽刺剧以及笑剧之中。由此，喜剧进入了非社会化的阶段，它被私有化了，变得“文明化”和偶然化了。随着荒诞日渐贫乏化，喜剧也失去了公众和集体的特征，它变成了主观上的娱乐，个体倾心于被讽刺对象的外观，只在意这样或那样孤立的笑料，而这与演员观众零距离的、全民尽欢的大众节日形成了鲜

① 参见米哈伊尔·巴赫金：《中世纪通俗文化及文艺复兴——论弗朗索瓦·拉伯雷的贡献》，伽利玛出版社，1970 年，第 30—31 页。

明的对比。在这种私有化的同时，娱乐却“纪律化”了，当代对幽默、讽刺、嘲弄等娱乐形式在肢体表达上的精益求精便是证据，这种精益求精类似于福柯（Foucault）所说的纪律培养。纪律化通过孤立个体，从双向来化解那乱糟糟的集会，打破那不成体统的放肆和交流，建立起控制和隔阂机制，不断地强化奴役功能，以期制造出依据反应便可预判、审慎且“顺从的人”。在纪律社会里，娱乐搞笑由于过火以及张扬而不可避免地被贬低，确切地说，搞笑是不需要任何训练的。因此，它在18世纪沦落为一种受人鄙视的无耻的行为，它被认为是低俗、不雅的，甚至可能被认为是愚蠢的、怪异的、肤浅的以及淫秽的。为应对个体纪律化机制，喜剧也相应地内敛化和精神化了，由此喜剧发挥出了一种节约过度开支的经济作用，并成为一个塑造现代个体的微观进程。

我们就这样跨越了讽刺年代，跨越了刻薄喜剧。看过如今广告、时尚、新事物、卡通以及“喜剧”的人，谁会认为喜剧主流的新格调不在于讽刺而只在于寻乐呢？强烈的幽默感消除了讽刺和夸张所具有的负面特征。一种正面的、放松的幽默取代了对基于共同价值观的社会的冷嘲热讽，取代了以廉价的、没有意义的胡言乱语堆砌起来的“小孩子们”的喜剧。广告中的或时尚中的幽默，没有针对谁，也不批评谁，它只在竭力营造一种没有副作用、使人愉快的幸福与愉悦的氛围。大众幽默不再以挖苦、阴郁为基调，也不是在掩饰一种悲观主义或一种“体面的绝望”，当代的幽默不想玩深沉，它只想营造一个洋溢的世界。“酸奶中的家庭

舞会”体现了传统英式幽默的魅力或镇静。洛德·凯姆斯[1]说“真正的幽默出自这样的一个人，他故作庄重严肃，但这赋予其所指一种让人忍俊不禁的色彩”，而如今他却消失在对现实公允而入微的描述之中（伯格森说：“幽默的人是一个伪装成学者的道德主义分子。”）如今的喜剧是离奇和夸张的（如涉及共济会的广告，其中的精神领袖们诵道：“您的宁静从容，得益于您将所有的保险合约交予 U.A.P.。”）。人们对细腻的偏爱导致客观的英式风格敌不过激昂的口号与喧闹。大众幽默不再故作漠不关心或超脱，它是挑逗性的，它让人兴奋，让人浮想联翩，它涵盖了表达、热情、真诚。但这足以说服自己去收听那专为“年轻人”准备的无线广播节目了（杰哈德·科南）。这里的幽默不再牵扯到意识，仿佛内容有了深度便可能毁掉幽默带来的亲近、相通感。自此，幽默成为吸引个体并让个体们亲近的事物，伍迪·艾伦也由此拔得《花花公子》诱惑奖的头筹。人们互称“你”，没有人自视清高，一切都是“好笑的”，玩笑蔓延开来，但只为规避家长作风、高深莫测、信口雌黄以及餐桌上的说教。电波中的幽默，如流行绘画的色彩一般，表现得四平八稳，探讨的是显而易见的事情，是空洞且熟悉的事物，它是“连环画中的泡泡对话框”，因其浮浅而草率而越发显得幼稚。在日常生活中，人们很少谈论荒谬的故事，个性化的生活与那些四处兜售、重复、含蓄的叙述形式变得水火不容。在最为拘谨的社会里存续下来的传统，其所仰仗的便是目标相对明确的笑话（如疯子、性、权势、种族群体），如今的幽默倾向于摆脱僵

---

① 洛德·凯姆斯（Lord Kames）：苏格兰律师、农业专家和哲学家，以《批判原理》一书而著名。——译注

化的架构，追求一种不拘一格、没有嘲讽对象的戏谑，一种自成一体、空泛的诙谐风趣。①像主观的及人际间的世界一样，幽默也被非实体化了，它受一种极不稳定的普遍逻辑所左右。风趣的话、文字游戏也同样不再受人青睐，因为有时会为了一句玩笑话，便要请求原谅，甚至鄙视自己的风趣。主流的幽默不再拘泥于缜密的语言和事物，也不再迁就强势的意识，它是一种打折促销的流行喜剧，它不求任何的超凡脱俗和距离感。在大众传媒这类新诱惑之中，人们重新找到通俗化、非现实化、个性化等所有的进程。其中，荒唐可笑、英勇的或者情景剧中的人物都大行其道，只因其开放、洒脱的和幽默的风格。詹姆斯·邦德的影片、美国“系列片”（《星空和小笼舍》《友善的你》等）将一些角色搬上了银幕，这些角色都有一种雷同、极端高效、充满活力的洒脱。这些“新”英雄豪杰们并不自视甚高，他们贬低现实，他们热衷一些与事件无关的恶作剧，在暴力和危险纷纷来袭之际，他们利用大胆的冷幽默来不断地化解着逆境，主人公是恪尽职守的，在行动中没有情感用事，这符合我们时代的要求。由此看来，如果主人公自视清高，则绝不会如此行事；如果他不令人惬意，则绝没有诱惑力。

与这令大众欢欣地交际的幽默结伴而来的还有一类“地下的”幽默，这是一种让人轻松的幽默，但基调却是幡然醒悟、赤裸裸的。“为了达到目的，要有极为奔放的思维。这是必不可少的条件，否

① 空虚而无章法的幽默，本身具有能指功能，所演绎的便是纷杂的喜剧符号。侵入喜剧中的拟声词，为了“阐释”世界上的嘈杂声音而故意发明的具有超级表现力、喜剧性、不规范的字眼，如“chnaf”“vghuouhougrptch”“rrhaawh”“hougnouptch”“grmf”等，这些能指脱离了它们的指示物，从而也就不再具有意义。喜剧效果源自语言自身特有的夸张性，源自符号所具有的声响上的、拼写上的以及印刷上的包容性。参见 P. Fesnault-Deruelle:《黑帮的言语及故事》，Hachette 出版社，1977 年，第 185—199 页。

则人们就会像伊基·波普（Iggy Pop）[①]那样走向癫狂，也就是说，像他那样脑子里一团乱麻、脸上带着傻笑、挂着口水，口中还念念有词，说地狱是一个宜人的去处，经常有吉恩·文森特（Gene Vincent）和吉米·亨德里克斯的音乐会，火爆得很，人们不久就要去那里，这要好于让地狱来这里，不是吗？一贫如洗的家，我恨你。"（《解放报》）后现代的幽默、新潮流与黑色幽默是不同的，黑色幽默的语调是忧郁的，它广为流传并暗含着挑唆，它言语大胆并公然倡导个人及性解放。这是自恋主义倔强的一面，它以否定美学、糟蹋时尚报刊中的人物为乐。乔治·米勒（G. Miller）的《疯狂的麦克斯 2》便是一个极为典型的赤裸裸的黑色幽默，或者是一个极端暴力和喜剧交织的混合物。这是一部残酷的、蛮荒的、"原始的"科幻片，机智中透露出诙谐，精巧的布景也惟妙惟肖。幽默并非和稀泥，而是旨在刻画，以求在总体上表现出特定的考量与结果；在表现残酷的好莱坞式的电影场景中，让人毛骨悚然的时代已经辉煌不再了。

这是出于一种净化的需要，出于一种祥和喜剧的需要，日常生活已经表明了这点。鉴于此，除了一些私人化装晚会和纯粹的节日，风靡 19 世纪的假扮他人的娱乐活动如今已不再时兴。而在以前，农民们却是以身着士兵、富裕的资产阶级的服装或者异性的服饰招摇过市来自娱自乐。滑稽哑剧也不再受到大众的欢迎，但在过去，尤其是在婚礼时，用一种诙谐的方式来刻画婆婆却很平常。[②]冲撞以及亵渎不再能够引人发笑，而随着日渐流行并和时尚沾上了

① 伊基·波普：美国歌手，后成为"朋克摇滚"音乐运动的同名词。——译注
② 参见席奥多·泽尔丁：《法国情感史》，第 3 册，Recherches 出版社，1979 年，第 394 页。

边，粗俗的幽默也变得平庸起来，失去了煽情以及出其不意的效果。只有杂耍剧场或者有演出的咖啡馆中的幕间小喜剧能够成功地重新赋予粗口引人发笑的效用，但这并非它打破了规则，而是作为对日常生活的反映和放大。在 19 世纪最受百姓阶层喜闻乐见的闹剧，因常伴有一定程度的粗暴，也不再受人青睐了，随之便出现了一种当众嘲弄他人的剧情，但如今它也受到了极大的责难而不是鼓励。“闹剧和戏弄”已经落伍过时了，给孩子们看看还是可以的，因为当代喜剧要的是谨慎和新颖，因为时代在变化，不再是一个笑话能笑遍天下的时代了，幽默要发自内心，要求“自然”。

于是，人们便发现，近两三年来，在狂欢节中、在街头、在中学里又重新出现了年轻人的装扮聚会。人们曾一度认为自己在装扮后会显得可笑而幼稚，但如今人们不再这样认为了，与之相反，拒绝这样做还意味着传统、僵化、刻板。事实上，这是一种后现代新现象。后现代不再是渴望实在的解放，而是渴望奔放的热闹和离奇的个性化。而这恰恰是这种荒诞狂欢缓慢回归的意义所在，即它完全不是一种对传统的再度关注，而是一种典型、超级个性化的、精彩的自恋结果，也因为它而引发了对面具、美容品、晶亮饰物以及奇装异服的追捧。后现代的“节日”是一种寻求个人超差异化的游戏手段，观其所用，虽矫揉造作，但却实用且不乏严肃。

带有侵犯性质的游戏手段逐渐丧失了趣味性[①]，如在一些高等学

① 在新闻界或者绘画界，人们观察到了一种逆向的趋势，一种绝无仅有的日渐无情的讽刺和“畜生般邪恶的”幽默，这与习俗改良的进程不但没有任何的矛盾，而且恰是由该进程来承载的，因为正是由于人际关系和习俗的改良，幽默才更加放肆、辛辣，粗俗、淫秽等现象也以幽默的方式得以重新抬头了。然而，对身体的保健仍是一种普遍的信条，身体永远都是关心、呵护的对象。

校里，对新生的戏弄是永远存在的，但为了使之有趣，这种戏弄应该控制在一定的范围内，超过一定的限度，戏弄就变成了一种侵犯，从而失去了喜剧的内涵。随着托克维尔所谓的“习俗的软化”这种不可逆进程的发展，喜剧与以往的粗俗搞笑变得格格不入了，不但成人懒得再看 16 世纪作为圣让节[①]惯例的虐猫游戏，[②]连顽童自己也不觉得这好玩了，这种情况在先前的文明里也曾出现过。喜剧精神化了，它审慎地宽待他者。由此，人们应当重视这种拒绝以牺牲他者来取乐的新的社会立场。他者不再是嘲讽挖苦的首要对象，人们也极少以他者的缺点和瑕疵而取乐，但在 19 世纪以及 20 世纪的上半叶，朋友、邻居却经常因倒霉（如配偶有外遇）或有悖常理而沦为了戏弄的牺牲品。如今人们知道，在他者有失常态并表现出让人好笑的怪异时，对这场面的处理要谨慎有加。幽默情趣似乎在大众理解的层面上全面取代了讽刺意识，同样，在日常生活中，对他人的嘲笑批评也变得柔和起来，它不再有让人发笑的效果，这符合心理特征，目的在于融洽关系以及人际交流。与之相反，“我”成了幽默的首要目标，成了嘲弄以及自贬的对象，一如伍迪·艾伦的电影所描述的那般。喜剧人物不再局限于滑稽搞笑的范畴，如巴斯特·基顿（B. Keaton）、查理·卓别林（Ch. Chaplin）、马克斯兄弟（les frère Marx），其风趣不再基于笨拙，也非基于插科打诨，而是基于自身的反应，基于自恋、欲望的以及身体上的超意识。诙谐的人物角色，给别人的印象是无意识的，尽管自己无意、没有刻意，也不觉得好笑，但都会让人发笑，这是依靠我行我素的技巧所产生的一些荒诞情形

① 法国传统宗教节日，人们会在 6 月份点燃火把庆祝夏季到来，也称“圣让火把节”。
② 参见诺贝特·埃利亚斯（Norbert Elias）：《习俗的文明化》，载《合刊》，第 341 页。

以及所触发的一些噱头。而伍迪·艾伦则是利用自恋性的幽默，不停地用自我分析来刻画自己的可笑之处，向自己以及观众呈现一个实实在在的“我”的镜像，从而博得了欢笑。“自我”或自我意识成为幽默的对象，幽默针对的不再是他人的缺点或者荒唐的行为。

但令人费解的是，伴随幽默社会的出现，对搞笑行为进行清算也不可避免地展开了，清算首战告捷，它成功地化解了搞笑的倾向。尽管有其他更好的方式，也有针对搞笑的道德谴责，但各阶层的人还是不断遭遇到肆无忌惮、疯狂的搞笑以及恣意取乐。在 19 世纪的歌舞杂耍咖啡馆中，公众习惯从娱乐角度来解读那些艺术家，他们纵声大笑，并在大声说笑中做出点评。不久之后，这种情形便被复制到了剧场。例如：费里尼（Fellini）擅长在《罗马风情画》（*Roma*）的场景里去营造热烈的气氛以及穿插略带粗俗的玩笑。在约瑟夫·普约尔（J.Pujol）（放屁王派多曼）的演出中，应该安排一些护士去疏导得了笑病的女性观众，而费多（Feydeau）的笑剧则开创了这样的搞笑先河：演员们面面相觑，以为演出已经结束，结果引发了哄堂大笑。[1] 如今，班级里巨大的嘈杂声消失了，城市里也不见了吹牛者、商贩、江湖骗子的玩笑及“喧哗尖叫”的踪影，袖珍影院替代了街区剧场，扩音设备盖过了声音，背景音乐打破了餐馆和超市中的平淡沉寂，搞笑还剩下什么呢？人们如此在意取乐的手段，仅仅是我们逐渐不习惯于听到这些在以前却是司空见惯的本能的哄然大笑吗？随着噪声污染充斥着城市，笑声消失了，寂静侵入了人们的空间，似乎只有孩童们，也只在人生这个阶

① 参见席奥多·泽尔丁：《法国情感史》，第 3 册，Re cherches 出版社，1979 年，第 399、408 页。

段，才可以幸免一个如此让人惊异的变化。结果便是在节日的喜庆之余，只有一些正处在消亡中的不合时宜的喧嚣，我们步入了一个笑声越发贫瘠化的阶段，这也暗合了新自恋主义的来临。后现代个性化导致了社会价值观的普遍危机和对个人完善的推崇，它使得个人沉湎于自我，这不仅让公共生活变得冷清荒芜，而且还最终波及私生活领域。个性化由此导致一种普遍的自恋型的神经质和抑郁，个性化进程短期内造就了浑浑噩噩的个体，他们要么冷淡和麻木不仁，要么就是缺乏生存的热情。生活的空虚感在逐渐弥漫，搞笑也在逐渐消亡，因此在二者同时出现时，人们无法对大众的漠然和非理据化视而不见，如随处可见的无精打采、消亡中的真情实感、情感中性化以及自恋型的自为。搞笑倾向于弱化、稀薄，体制也卸载了情感上的负荷。我们的社会把交流的价值观放在了首位，但从个人的角度来看，人们不再认为有借助开怀的笑声来表现自我的需要，尽管这种笑被普遍认为是“极富感染力的”。在自恋型的社会，人际的交流已经排除了大胆的表白，它已被内心化或心理化了；笑的湮灭仅是对交流方式的非社会化以及后现代温和的孤立化的一种表白。除了一种文明的审慎，笑在当代的萎缩还蕴含有其他的东西，也即笑的“功能”受到破坏，这和享乐主义导致人们不思进取的道理是一样的。个人的这种丧失以及非实体化不仅表现在劳动、能力等方面，如今它还影响到了整体、意志以及欢笑。后现代的人一门心思想着自己，他越来越难以“开怀”一笑，也越来越难以摆脱自我，越来越难以体会热情澎湃，越来越难以尽情言欢。笑的机能退化了，“一丝微笑”代替了放声大笑，“儒雅的时代”开始了，文明仍旧继续着前进的步伐，它们调教出了一个自恋的人类，既无奔放，也无笑声，而是充盈着幽默的表达。

亚广告

一种揭示幽默现象本质的最为直白的方式也许便是广告。电影、广告牌以及告示，它们采用越来越多的刻板的格言警句，并造成文字游戏的泛滥。间接广告（眼镜架广告：“它知道，你有一双美丽的眼睛”）、语句套用（雷诺·费戈车，比自己影子跑得还快的车）、滑稽有趣的设计（玩具娃娃状的米其林或埃索）、“喜剧”手法、矛盾修饰法（“看啊，什么也看不出来”：斯考其橡皮膏）、同音词、夸张、滑稽的刻画、插科打诨等，总之都是一种幽默的语调，轻松而又空洞，这与刻薄的讽刺大相径庭。“生活离不开爱情和‘基尼[①]’”，这句话什么也没有表达，也非在显摆，它是一种介于信息传递与“无意义”之间的幽默方式。但可以肯定的是，广告界并非虚无主义的，它还没有沦落到言语错乱以及绝对非理性的地步，其措辞是经过选择的，意在释放有关其产品的“正面的”价值讯息。广告的“无意义”是有界限的，并不是什么都可以，怪诞荒谬应当用来在短期内提高产品的声誉度。总之，广告将荒诞逻辑、将意义与无意义的游戏演绎到了极致，但在一个将品牌植入作为己任的领域，这是必须的，但事实上，这并非博取信任的手段。人们想方设法进行广告创意，以便将其变为一个灌输某种讯息的工具，一个对意识进行密集轰炸的工具，但实现灌输的手段仍很不足，这便是矛盾之处。一些最新的幽默，并没有广告什么，它只是自娱自乐，因为真正的广告便是不屑广告，它去除了真实的内涵，有意义便等于无意义，而这正是力量之所在。广告抛弃了教育和神圣的意义，这

① 基尼：创建于1971年的一种法国柠檬苏打水品牌。——译注

并非不理智；越是兜售说教，越是少人听信，产品的概况借用幽默的形式，基于这种炫目、亦真亦幻的内容，从而显得愈发醒目。让人厌倦的表白性的言辞消失了，仅剩下一道闪烁不定的主线，这便是品牌的名称，这才是关键。

广告宣传的幽默昭示了广告的现实，即广告既非复述也非信息，既非神秘虚构也非意识思想。因此，广告是一种空泛的形式，如一些制度和社会价值观一样，它不具体阐述什么，而在于驯服意识，在于鲜活的构思，防范悲惨的无意义。如今，在迪士尼乐园中，在杂志里，在城市和地铁的宣传栏上，可见一股超现实主义的浪潮，它一改所有的玄虚、一改困扰着我们的深邃，[1]给我们以一种突然醒悟以及如释重负般的愉悦。在幽默成为主流之际，意识形态却由于僵化对立和颐指气使而消遁无形了。在幽默中，历来都有意识形态可能存在的蛛丝马迹，但广告功能以其特殊的幽默打破了意识理念的禁锢，人们发现，意识形态也被改用他途了。意识形态所表述的是大是大非的问题，讨论的是“真理”，而广告则是不管对错，不管意义重大与否，也不管是非分明。幽默的做法化解了意识理念，消散了实质内容。自此，幽默的非实体化、参照作用的减弱取代了意识理念的传播。一种低级趣味，一种似是而非的逻辑取代了尊崇的意识。

广告的基调是多变、轻快的，甚至在其开口怂恿人们去消费之前，它就立刻被断定是广告，由此看来，广告媒介将媒介本身视为首要信息，而广告在此便屈居为一种亚广告。此时，各类异化以及

① 参见勒弗尔（Cl. Lefort）：《简论现代社会意识理念的起源》，载《纹理》，1974年，第8—9期。该文被重新收录于《历史形态》，伽利玛出版社，1978年。

意识理念都不再有效，因为在此已经开始了一个新的进程，该进程并非通过掩盖自己力量来进行哄骗，而是通过发布一些不显山露水的建议，显得如同“哄骗”。屏蔽真实，灌输信息，麻醉主体，看不出广告与传统赋予它的宣传意识理念的职能有什么关系。即便冲撞了当代的良知，也存在着对广告大规模的敌视，但幽默版的广告则无须惧怕这些，它似乎也加入了批判虚幻的“大革命”运动中，这种运动最早出现在绘画界，接下来在整个 20 世纪里，它扩展到了文学、戏剧、实验电影等领域。值得注意的是，在广告领域采用了经典的舞台布景透视法之后，广告便立刻变得直观形象而且富有表现力，没有任何形式的干扰能妨碍人们对它的理解，但形象和内涵仍要服从于一定的表述规则。简而言之，先锋派运动所做的一切正好成了被解构的核心对象。尽管意义上还存在着众多巨大差异，但从广告已不再是一个经典的诱惑者来看，幽默法则确已颠覆了广告。幽默刻意与观者保持距离，阻止观者亵玩“信息”，以免阻碍陶醉以及同化进程。这种间离效果不正是现代艺术所倡导的吗？一批伟大美学作品的问世，正是对虚幻、诱惑的大力批判而促成的。正是保罗 · 塞尚[1]、立体画派、抽象派以及始于布莱希特的戏剧派的出现，才使得艺术不再拘泥于临摹与逼真，不再复制现实，戏剧、绘画从而成为纯粹的艺术空间，也因为幽默，广告创意不再受制于参照系，它获得了一种自立，从表现形式来看，它是一种折中形式，是经典的表达与现代的间离之间的一种折中。

对虚幻以及玄奥的批判将在一个相当长的时期内取代对现代

① 保罗·塞尚(1839—1906)：法国后印象画派的代表人物，被称为“现代绘画之父”。——译注

社会的批判，现代社会在其历史性的探索中，表现为反对一切外部、超验的或接收到的“模式”的主导，并相应地以追求社会的自我构建和自我生成为目标。在一个以完全自主为目的并依据自身条件来自我塑造、自我审视的社会里，一些形式的虚幻已不再得势，它们被当成是一个缺乏自主的社会的贻害而遭到抛弃。在拒绝一切依据或拒绝一切接收到的外在性的体系中，展现、逼真及其诱惑、蒙蔽功用等都难以为继了。独立化进程或者驱除超验模式的进程随处可见，原因是资本主义及其市场制度将生产从历来的传统、习惯及控制中解放出来；民主国家及其人民至上的原则消除了从前笼罩在权力之上的神的光环；现代艺术不再卖弄诱惑以及虚幻逼真，也不再追求外界对它的理解，而是追求它自己的感悟。换到这个大的背景下来看，幽默法则便也不过是对社会独立化以及虚幻解体等进程的一个体现。在广告让自己看起来像广告之际，尽管极富幽默，但它也让一个没有隐晦与玄奥的社会，一个自身透明的犬儒主义社会愈发遥不可及。

需要阐明的是，在极短的时期内，幽默法则便终结了虚幻，而幽默也成了诸多“参与”的形式之一，它如今现身在社会的各个层面。让个体参与，使个体有积极性、有斗志，赋予个体以决策者的身份，这成为开放社会的一个公认的原则。幻术及其对主体的蒙蔽功用与主张选择和自助服务的体系格格不入了。专制的训诫，笨拙的愚弄和驯化变得过时了，因为它们没考虑到个人的行为及其特异性。与之相反，幽默法则及其在主体与信息之间制造出的距离感，却正好符合一个体系的需要，这是一个渴求个人发挥的体系，即便这类发挥是微不足道的。事实上，幽默也并不要求听者有多少实际的发挥。进行大规模的劝诫、组建纪律严明的团队、塑造刻板的

个人等做法都不见了，幻术以及盲从机制也变得落伍了；在幽默法则下，广告必须要与主体们的精神保持合拍，对一些知识渊博的主体，就要利用“文化上的”参照、利用多少有些隐晦的影射来与其进行交流。广告由此也就进入了控制论的时代。

时尚：诙谐模仿

时尚是幽默现象的另一个指示器。只需浏览一下时尚杂志并端详一下橱窗，人们便可以明白这点，如缀有趣味图案或文字的 T 恤衫、花哨的驾驶舱、织有因纽特人或大象的高花纹短袜（这并不幽默，只将平常袜子的反面用你属意的颜色加衬织造以实现个性化）、男性化的鸭舌帽、刺猬发型、装扮用的闪光片以及星状物、平光眼镜等，因为“人生短暂，不能衣着寒酸”。如今严肃也和死亡一样，成为一个主要的禁忌，通过消除一切类似严肃的东西，时尚打破了由一个严谨、内敛的世界所造成的禁锢，时尚自己也普遍变得幽默起来。雅致、高贵如今被视作扭捏作态、故作高雅，这也是成衣时装在纷繁活跃的时尚大潮中排挤了高级时装的原因。如今，“诙谐”取代了高雅及最时兴品牌，幽默时代取代了美学时代。

确切地说，自 20 世纪 20 年代以来，时尚便在不断地“解放”着女性的外表，由此一种“扮嫩”的风格诞生了，奢华排场也在节节后退，诸多“荒诞的”或者“可笑的”形式也得以出现（如夏帕

瑞丽[①])。总的看来，女性时尚一直到60年代都属于纯美学，从属于审慎但鲜明的崇尚优雅的范畴，这与始自布吕梅尔(Brummell)[②]的男性时尚几乎是同步进行的。但我们已走过了这个阶段，男性和女性都是如此，另一种标新立异的文化出现了，幽默似乎成为一种引领服饰潮流的价值观。考究不再是新潮时尚的成分，新潮在于吸引眼球，在于不拘一格，在于“装扮”的个性化。对于时尚界头面人物而言，新潮是怪诞的但又不乏精致，对于所有追求时尚的人来说，它是普通而又“休闲”。对于某些人而言，时尚是愈发超级自恋性的别致，但对大部分人而言，时尚则是愈发一致性的轻松洒脱，自恋社会与时尚界的分化，与标准、要求的缺失，与各类风格的并存都是相辅相成的。让人惊诧莫名的时代结束了，贬低高雅只为做一回真正的自我，无须刻意，但要幽默，由此人们方能指望一切，承载一切，驾驭一切，这就是“第二期”的时尚；在个性化的轨道里，时尚被非实体化了，它既无重要意义，也无须面对挑战。

近几年再现的流行时尚点明了这层含义。20世纪五六十年代，在各年龄层次风靡的仿古服饰没有一点儿像是时尚，它不符合严格而新颖的规则，只是体现了对过去在服饰搭配上的随意性的崇尚。在这个意义上，复古满足了个性化的社会对摆脱束缚、建立宽泛模式的渴求。但矛盾的是，复古时尚这种对过去有趣的膜拜在功能上却与如今的时尚是高度一致的。沉湎过去看起来像是反时尚或者非

① 夏帕瑞丽(Schiaparelli)：意大利传奇设计师，其设计风格大胆幽默、自由不羁，天马行空的新奇创意，配以传统精湛的手工工艺，缔造了时装史上无数经典。1935年进军巴黎，成为香奈儿的劲敌。——译注

② 布吕梅尔(1778—1840)：英格兰花花公子，英国摄政时期男性时尚的代表，后成为“时尚至尊”的代名词。——译注

时尚，但这并不意味着时尚的终结，而意味着时尚进入了幽默的阶段或者滑稽模仿的阶段，这和反艺术通过将幽默内涵整合进艺术从而催生出一个崭新的艺术阶段的道理是一样的。自此，这类反体系的发展借用的是幽默的力量，而怀旧并不是其实质所在，反体系并无什么所指，它只致力于一种轻诙谐的模仿，主旨在于阐释与明晰这种拟古的时尚。复古成为时尚体系，意味着时尚本身进入了重复与模仿的时尚第二期，而那种漫画般的再现，它既不是怀旧，也不惹人生厌，它只是亚体系的。幽默走向了影射嘲讽，而依据幽默的这种亚逻辑进程来展现自我、塑造自我也随之成为各类复古时尚的最高目标。由此看来，在达到一个高点之后，这些体系又要努力回归成为原来的自己，这是以创新为基础的社会的新矛盾。如果说现代主义是建立在冒险和探索的基础之上，那么后现代主义依靠的则是再征服、自我展现，对社会体系而言，后现代主义是幽默的，但对心理体系而言，它则是自恋的。不再是大步向前，取而代之的是追本求源、完善内心。

“没有什么比摆出一副不关心时尚的样子更时尚了。因此，人们穿上紧身舞蹈衫或穿上军便服以捍卫超经典的舒适的劳动服，并带着一副腻歪的神情，表示永远不屑与那些世俗的花哨为伍。以一副无所谓的神情，身着拳击运动短裤或精心搭配的护士服，人们就这样引领着时尚潮流。”自牛仔装开始，时尚便不断推动着类似劳动、军队、运动等装束的发展。背带裤、作战套服、漆匠连体服、派克大衣、水兵厚呢大衣、跑步衫、农夫裙等服饰，都着眼于得体而实用，时尚效仿的是职业阶层，因而也具有了一种清晰的诙谐模仿风格。通过模拟实用的服饰，时尚淡化了自己的特征，由此，“雅致的”派头消散无形了，以往中规中矩、矫揉造作的风格不复存在

了，而时尚和外在表现也不再尖锐对立了，这与到处可见的旨在消除对立的运动是一致的。如今，时尚便是不拘小节，便是自然松弛；新的东西看起来应当像旧的、自然的。最精妙的时尚便是模仿自然，这同样也和后现代的习俗制度的软化是一致的。时尚不再是阳春白雪，时尚风格也变得幽默了，中性化的空洞的模仿成了发展的动力。

滑稽模仿的对象不再仅是劳动、自然或者时尚本身，而是扩大到了整个文化，也即整个文化被幽默进程涵盖了。源于此，流行的埃弗罗小辫（Afro）[1]很快就成为时尚，这曾代表着礼仪与传统的小辫完全失去了自身的厚重感，成了怪异的装扮。这是一种新式的种族灭绝，也即用幽默新殖民主义来继续灭绝外邦文化及人口。如今想让白种人兼顾形式与内容是不可能的，人们甚至对有些影响到我们与“他者”关系的做法也不再加以排斥、针砭，后现代社会喜欢标新立异，因而它什么都不加拒绝。反之，却欢迎一切，追忆并且接纳一切，但是代价便是放肆地嘲弄“他者”。无论我们的主观意图是什么，但透过时尚表现出来的他者形象总是幽默的，因为时尚表达已陷进了一种为了求新而求新的逻辑之中，它摒弃了一切文化上的意义。这并非藐视，诙谐模仿是不可避免的，它不以我们的意志为转移。

让人没想到的是近些年来，在时尚之中又出现了一个全新的普遍现象：文字也被服饰一并纳入了时尚。牛仔、衬衫、套衫、品牌、铭文等，均直陈眼前，T恤衫、字母、首写字母缩合词、语段、惯用语等也随之大范围出现，且呈一副普遍开花的态势。采用凸体字

① 埃弗罗小辫：一种类似非洲黑人的自然发式，呈圆形的蓬松鬈发。——译注

印刷的涉及特征描述的东西也大量出现。这是广告吗？如果是，那么问题就极为简单了。事实上，这些东西与公司的产品或名称没有任何关系。那么，时尚中的文字是想告诉大众自己的团体属性、年龄阶层、文化或宗教身份吗？也不是。无论是谁、无论何时、无论传递什么，都与身份的确认无关。实际上，时尚通过将文字纳入自己的逻辑之中，只为再次扩大自己的疆域并拓展潜在的组合范围，因此文字、文化、意义以及各类衍生物都成了幽默的参照系。符号脱离了原本的意义、用途、功能以及主旨，成了一种谐趣模仿的游戏，或是一堆矛盾的混合物，其中，服饰幽默化了文字，文字又幽默化了服饰，正如连环画中的古腾堡一样，休闲而又诡异。

一切步入时尚轨道的事物都受到幽默的影响，而一切落伍过时的也源自同样的原因。如今，再回头看一下在过去曾风靡一时的那些服装以及发型，会发现它们显得那么滑稽和可笑。和年代久远的时尚一样，近来落伍的时尚也让人哑然失笑，似乎只有时间倒流才能让人彻底明白时尚幽默的实质。落伍带来的勉强、略呆板的幽默衬托了当今轻松的、生机盎然的轻幽默。因此，如果说时尚是一种幽默体系，那么它所依据的不仅是无伤大雅的内容，还有更深层次的内涵，这就是时尚的功能本身，也即无休止地在形式上推陈出新或者“真”推陈“伪”出新的逻辑。时尚是幽默的构架，而非美学的构架，因为在时尚范畴内，依据永恒的、周而复始的创新进程，新的和旧的迟早都会沦为“滑稽的”参数。没有任何创新是轻浮的、猎奇的和趣味的，也没有任何复古是为了搞笑。

像广告一样，时尚也是一种空洞的结构，没有任何主张，因而人们错误地认为它是一个现代版的神话。但时尚要求的并不是自说自话或者让人着迷，而是在于改变，是为了变化而变化，时尚本身

也就体现在不断的淘汰过程中。因此，时尚就是我们以快速验证为基础的历史体系的真实面目，它通过一种趣味的、不经意的方式来对历史体系的内在功能加以呈现。变化体现在实际行动上，只是形式要多于内容，虽然时尚在意创新，但它更在意谐趣变化，它掌控变化节奏，缩短淘汰周期，务求以新促新，力争日新月异。这是伟大的善意谐趣模仿的时代，虽然时尚执着于创新，强求去旧图新，但时尚既非致命的也非自杀性的，它是幽默的。

幽默进程与享乐社会

幽默现象不应当只是几波短命的时兴。幽默时尚所释放出来的信息轻松而又舒缓，事实上，幽默规则已成为多态性的大众行为的一部分，它致力于从各个领域或层面来软化或者个性化僵化的教条以及束缚性的架构，因此可以说我们的社会是建立在幽默时尚之上，而且这种建立持久而又规范。取代强制命令、等级差距以及严肃理念的是舒缓而又让人亲近的幽默，它本身成为一个开放的、弹性的社会的语言。通过赋予人们信口开河的权利，幽默规则让信息表达变得轻快、有节奏、有活力，并由此也促进了人们对年轻及自然的推崇。幽默规则调理出一些“年青的”使人振奋的话语，消除了意识的厚重感以及沉稳感，幽默之于信息正如“苗条”“体型”之于身体。在一个要求人们永远敏捷、无拘束的体系中，肥胖变得“让人不能容忍”，同理，夸张的言语消失了，因为它与我们时代所要求的达观、迅捷等水火不容。要用碰撞、用闪光灯来化解滞重，让“生活”、让迷幻的聚光灯、让苗条都充满戏谑，幽默规则让意

识也电气化了。

除了迎合个性化进程，现今的幽默现象还离不开消费时代。需求的激增以及相伴出现的享乐主义文化，二者使得幽默的蔓延以及拘谨的交流被贬低成了现实。以快乐为主流价值观的社会不可避免地被引向了大规模生产、制造这类幽默符号，以便适应新显现的社会成员的特定行为，即欢快的信息能够保障人们随时得到一种直接的且巨大的满足感。而幽默规则恰是一种补充，恰是这种大众享乐主义的“精神香料”——只要不将这规则看成是资本用来刺激消费的永久工具。无疑，信息以及诙谐的交流都符合市场的利益，但真正的问题是：为什么？为什么现今“喜剧”在成年人中走红，而不久前连环画在法国却受到忽视或者蔑视呢？为什么一篇报道要冠以滑稽的轻松的题目？为什么幽默调侃会取代从前那些“现实”而又冗长、严肃而又沉重的话题呢？仅用销售的需要、构思的进步或者广告技艺不可能解释得了这些。幽默法则的出现是必然的而且是“奏效”的，因为它顺应了新价值观，顺应了新显现的品位（而非仅顺应某个阶级的利益），也顺应了渴望娱乐和放松、厌恶庄重意识的新个性，一个历经半个世纪由消费主导的社会化之后出现的新个性。无疑，面向公众的、让人欣快的幽默并非消费社会与生俱来的，如第一家连环画商店出现在20世纪初的美国，动画在此时期大获成功。1900年左右，一些趣味广告也问世了，如“米其林轮胎尝遍坎坷”，快乐的“卢图克鲁大爷[①]”以及嬉闹的瑞普林三人组[②]。由于消费革命以及一些新的享乐目标的出现，趣味幽默的普及

① 卢图克鲁大爷（Lustucru）：一家法国著名的食品公司的品牌人物形象。——译注

② 瑞普林三人组（Ripolin）：法国一家装饰涂料公司品牌logo。——译注

化以及合理化成为现实。

如今的幽默要显得“自然”，要让人提神，如刊登在《解放报》或者《时事报》中的读者来信以及“时髦的”文章，它们大量使用了感喟、感叹、感慨以及一些直白的日常牢骚，因为幽默在任何时候都不应该像是经过深思熟虑或者精心雕琢的结果，“关于硬摇滚[①]乐队，从 A 到 W，从‘直流 / 交流电’到‘野马’，一切都要学（或弄懂），这样到年终时，才不至于在校长女儿组织的家庭舞会中像个白痴。我不想再向你们重复这个了。学习吧，孩子们，学习吧”（《解放报》）。幽默规则不再讲究分寸，不再讲究资产阶级的典雅与教养，它传播着市井语言，体现着随意与洒脱。如果要用主流阶级特征间的竞争来解释这类现象，触及的不过只是皮毛，因为该现象的根源在于生活方式的大变革，而不在于附庸风雅。幽默规则并不是通向文化贵族的手段，它消除了先前时代给人的高贵感以及距离感，打破了贵贱之分以及等级差距，以便普及已上升到文化价值观层面的“放松”。现实是贫瘠而又单调的，因而要制造更多的快乐；大量的幽默可消融、驱散日常生活中的苦闷。实际上，幽默规则所要做的便是致力于释放一些符号，卸载一切重荷，因此，幽默规则是言论民主化的真正的载体，并以趣味的非实体化以及中性化为途径。民主化不在于倡导平等理念，而是致力于促进消费社会的繁荣，激发个人的热情，引导人们冲破束缚并及时行乐，这是一种“自由风格的”自发文化，现实中的幽默仅是其表现之一，与自发文化同时显现的还有个人享乐主义；在个性化的社会里，甚嚣尘上的个人自由理念给该文化的发展提供了历史性的机遇。

① 硬摇滚：以巨大的音量、打击的节奏与迫人的音感为主。——译注

这就是说，如今人们所看到的蓬勃发展且几乎遍地开花的幽默，并非一个史无前例的重大创举。无论时兴的幽默如何新颖，它与一个特定的“意境”依旧有着千丝万缕的关系，这个意境的源头便是 18、19 世纪在英国盛行的“幽默感”。事实上，从舒畅的特征来看，当代幽默因循的还是传统的幽默，只不过更加宽容与谦恭。若将幽默的首要原因归为享乐主义的社会化，那么次要原因便是个人主义社会的出现，便是个体所具有的新的社会意义。当然这种新意义是相对集体而言的，结果之一便是暴力的使用受到了遏制和贬低。幽默和讽刺不同，它像是一种态度，它对所针对的对象抱有某种善意，即便是假装的善意，它要与后者同乐，而非嘲笑后者。显然，这种“情感”因素与带有主观色彩的幽默、与人际关系上普遍的人性化息息相关，而人际关系上的人性化决定着西方社会能否进入个人民主主义体制。与惩罚减轻、流血暴力减少一样，喜剧也变得温和起来，我们如今所做的只是换一种方式继续这种温和化。“悲观中的乐观，乐观中的悲观”（埃斯卡尔皮[①]），幽默意识在于揭示事物可乐的一面，尤其是在生活的困难时刻，无论时局多么艰难，也要苦中作乐。如今，喜剧格调占主导的局面改变了，“高尚的”幽默不断地发展壮大。例如，一些美国战争片极为擅长在荧幕上呈现一些无名的英雄以及他们处于危险时刻所表现出来的冷幽默。在为荣誉而战的骑士法则之后，便是幽默规则，它成了一种特有的民主行为。只有将幽默与民主意识理念、与当代个人主义的独立原则联系在一起，才能理解这种行为的盛行，因为上述理念和原则倡导的便是机智的诙谐的谈吐与不循常规的举止，潇洒而不张

① 罗贝尔 · 埃斯卡尔皮（R. Escarpit）：当代法国文学理论家。——译注

扬、不刺眼。这与一个平等社会是相适应的，“一本正经的幽默足以让所有人成为好兄弟”[①]。幽默满足了这双重的民主功能，它让个人无拘束，即便只是阶段性地摆脱命运、现实、习俗等的束缚，它让个人轻松实现精神上的自由，同时还能防止自以为是、自视“清高”或自视甚高，防止自制力缺乏、冲动或者唐突。幽默使得人际间关系得以平和，用发展个人特异性来消除摩擦隐患。幽默的社会魅力便在于此，而在幽默中可将平等法则看作一种类似纪律机制的社会化工具。随着物理微观权力技术的运用，而当代人也不愿任由摆布，因此自制、自律出现在幽默中。事实上，借助幽默，纪律的个体已经表现出一种游离、一种洒脱，至少表面上是如此，这意味着我们孜孜以求的主观世界的解放已达到了一个新水平。

“幽默感”与讽刺的二重性，细腻的感受性、特异的荒诞性以及严肃性等，顺应了第一次个人主义革命，顺应了自制的纪律规范下的自由、平等和宽容等价值观的发展；伴随着由大众享乐主义所催生的第二次个人主义革命的出现，幽默也改变了基调，真诚与沟通的价值观成为首选。报纸尤其是幽默日刊，实际上完全没有对一些事端进行讽刺或揭示，连善意的丑化也没有，它们只是在营造一种朴素的、“轻松的”和缓和的氛围。因此，可以说幽默执行的是“寒暄”的功能。喜剧的非实体化对应的是自恋的非实体化，需要的是亲善的交流。流行的幽默及亲善规则共同构成了一个举措，波及整个心理文化和自恋个人主义。在一个重视人际关系的社会里，一切旨在营造一种人性的“温暖”，旨在使言语以及行为民主化。如果幽默规则想在日常交谈中实现这样一个目的，那么它不仅要依

---

① 参见 Ph. D. Thompson：《英国人的幽默》，洛桑市，1947 年，第 27 页。

赖消费社会的享乐主义，还要依赖与其同步发展的人际关系的心理化。由此，对他人、对自己的态度被心理化了，或者说集体的重要性被排除了，而建立人类“契约”成了理念。实际上，凡事都不再会有人信以为真，值此之际，“趣味”、调侃的幽默便开始盛行起来。不再自视甚高，个体的这种民主化不但体现了一种均等主义的意识形态命令，还体现了对自然、交流等价值观的重视，彰显了人类学的变迁以及一种宽容个性的问世，它没有远大抱负，没有崇高理想，也没有狭隘的信仰。幽默以一视同仁的喜剧眼光来打量各类意识，给人以一个随波逐流的自恋主义印象，但它仍然是一种民主手段。

从前最为隐秘的领域如禁忌、性、情感等，也都进入了幽默话题，看看那些别出心裁的充满趣味性的“小告示”吧，“比詹姆斯 · 迪恩[①]更帅，比在戴托纳赛车场[②]更快，比疯子马科斯更危险……，正合你意，行动吧，有求必应”。世风变了，诉说自己的问题、坦陈自己的不足、披露自己的孤寂不再是不妥的，理想状态便是借助现代主义的夸张来对其进行“二度”表达，而夸张要控制在这样一个幅度：如果不合受话者的幽默品位，那就等于什么也没说。与此同时，幽默也变成了一个“他者”要求的品质，“你活着，善良，你爱交流、嬉戏、旅游，笑吧，笑吧，温柔，爱吧，爱吧，嘿嘿，我也这样……，我如何才能不遇见你？啊，你有点害羞吗？哦，如你愿意，我也是”（克吕施[③]的口吻）。一切都可以说，但不

---

① 詹姆斯 · 迪恩（James Dean）：1931 年出生于美国，著名的美国性感男影星。——译注

② 戴托纳赛车场：美国佛罗里达州的一个赛车场。——译注

③ 克吕施（Cluche，1944—1986）：法国幽默与喜剧家。——译注

要自以为是，个性化幽默是自恋的，它是保护主体的一道屏障，也是用来表现自己的一个冷手段。由此，后现代的二元性出现了，即与他人交流要首选幽默方式，但自己则仍要以工作和认真（如治疗、饮食等）为根本。还有一种混合体，这便是“治疗性的笑。这是一种温和、通达内心的方法，可以产生一股倍增的能量。借助一些呼吸和感觉唤醒技术，我们得以一种开放的和无拘束的新视角来审视我们的肉体以及灵魂。‘这种笑，来自印度人’，它为我们的社会生活注入了一股古老的、被遗忘的气息”。

女性世界长期以来一直与幽默保持着距离，因为在永远带着一副保守、告诫、严肃的神情的伊夫林·絮勒罗特（Evelyne Sullerot）看来，幽默就是一种轻浮，但幽默规则最终还是浸染了女性世界。随着二三十年代的“消费型的”女性的出现，女性的范型也开始改变了，从内敛深沉转向张扬豁达、转向面带“微笑”的乐观主义者。如今的女性读物充斥着幽默，“谐趣布条”（ELLE）也成为近年来女性的“内衣”时尚，某些女性还是著名的“漫画家”，尤其是在女权主义风靡之后。文字也成为自由挥洒幽默的有效手段，在美国一些连载小说中，如《妇人趣事》，女性和男性一样，也在无所顾忌地高谈阔论。享乐主义社会普及了谐趣的品位，并在社会各阶层中、各年龄段、各性别群体中合理化了幽默，这是一种越来越同化的幽默，它老少咸宜，从“七岁到七十岁”皆可。

幽默的归宿以及后平均主义时代

消费时代最终的结果便是幽默进程浸染到社会意识层面，那些

堂皇的价值观也成为戏谑的对象，使其不再能够作为某种深情厚感的载体而存在。在享乐主义以及自恋主义价值观盛行之下，高尚的评判体系也变得空洞无物，那些在 20 世纪上半叶曾作为社会框架的价值观（节约、贞节、职业良知、奉献、勤奋、一丝不苟以及威望等）也不再受到人们的敬仰，它们受到的只是嘲弄而非崇拜，虽然情非所愿，但我们仍认为这种嘲弄包含有某种隐约有些搞笑的或者腐朽的成分在内，闹剧还是阴魂不散。在对民主国家制度进行波澜壮阔的确认阶段，意识形态符号（如平等、祖国、社会主义、艺术的艺术）的浮夸程度堪比那风光不再的等级言论。这个阶段之后，人们便进入了后现代的民主时代，该时代成形的标志便是主要的社会标准被幽默非实体化了。

幽默进程不仅意味着要刻意创造“可笑的”符号，也意味着我们的表述出现谐趣模仿上的变化，而且这种变化并不在群体及个人的主观掌控之下，因为如今连最为严肃规矩之人、最为冠冕堂皇之人都反其道采用了喜剧的语调。那么有谁还能够独善其身呢？在电视辩论赛所模拟的那种一较高低的氛围中，在极为生动有趣的新场景下，左右派之间的政治矛盾被化解了。越没有重大分歧，政治双方或四方公开的权力角逐也就越显得滑稽可笑；政治的非理据性越强，政坛则越像是展现善意、诚实以及责任感的“脱衣舞会”，或干脆就是滑稽可笑的假面舞会。由此可见，通过个性化，政治现状也变得普遍幽默起来。政治独立的高级阶段不是极端的大众非政治化，而是戏剧化，进一步便是荒诞化，当党派对立有了闹剧色彩，它也就越发被当作闹剧了，政治阶层可以自成封闭的一体，精通于在电视上展现自己，执行高参们的策划以及行政官僚的战术，并且乐此不疲。令人不解的是，面对怀着取乐心态的、麻木的全体选民，

他们却仍能坦然玩弄着民主游戏。幽默进程作为政治机构和体制独立化的工具，本身也进入了独立阶段。在我们的时代，幽默集中出现在一些最为“庄重的”领域，且不以历史人物的意图与目的为转移而蔓延开来。幽默成了一种宿命。

1980 年的 11 月，作为总统选举候选人，克吕施受到巨大的欢迎，一个“严肃的”助选委员会由此也组建起来。就此人们可以想象一下，政治幽默化带来的启示是什么？对于出现一个小丑般的总统候选人这件事，除政治阶层自身，尤其是除了左派阶层之外，不会再有人感到诧异。事实上，由于政治舞台已经蜕变成为一个趣味的场所，所有人都乐于见到一个专司插科打诨的人能够进入其中，而克吕施的加入，也只是使得这类政治假面舞会锦上添花而已。在政治不再高高在上而且被个性化之际，一位文艺工作者能够夺取相当比例的原本应归属于党派领袖们的选票实在不足为奇，对于这种二流的喜剧，人们则是抱以“会心”的一笑。克吕施效应既非源自对狂欢的怀念，也非逆反逻辑在作祟（这种逻辑要以一个极端严肃的秩序为前提）。这其中，是一种针对民主制度的纯粹的滑稽模仿，一种加剧了政治闹剧化的滑稽模仿。

在这种不可避免的贬黜活动中，价值观、政治、艺术等自身也得到发展。在 19 世纪末至 20 世纪初的那段美好日子里，艺术遭人诟病的日子结束了，因为连那些最为朴实无华、最容易引发议论的、最“不起眼的”作品都笼罩上了一层与其内容无关的幽默色彩。人们经常对流行艺术家的幽默、对其所从事的返璞归真的艺术进行恶评，但深层次的原因便是当代艺术整体上都或多或少有些幽默的色调。鉴于立体派的全面解构，也由于极富想象力的超现实主义、

抽象的表现主义或几何学、时尚流行、新现实主义、大地艺术[①]、身体艺术、机遇剧[②]、表现力、造型的出现，在后现代的今天，艺术已不再是“严肃的创作”了。在创新的狂热中，艺术让一切经典的标准尺度都失灵了，它厌弃了对艺术才华和美的追求，也不再以表现为目的，艺术自绝于一个崇高的领域，并由此进入了幽默时代，艺术作品世俗化的最终结果，也就是艺术失去了阳春白雪的荣耀，并近乎演变成为一种愈演愈烈的“为所欲为”的活动，演变成为一种欺世盗名之举。艺术变得荒谬起来，它瞄向的是不入流的素材、“行为”、边角料以及新举措，为的是简单朴素、自我否定、逃避艺术宿命、创新和“革命”。艺术品的幽默不再取决于固有的内涵，而在于艺术手法的极端化，在于有限的非领域化。在公众看来，艺术显得廉价而又怪诞。顽固到底的先锋派践踏了主要的美学法则，并从根本上改变了人们对艺术品的感悟，这类作品由此也变成了荒诞离奇的奢侈品的代名词。

坦诚地说，由于这种文化特性的蔓延以及一些组织、协会在局部的走俏（如单身父亲、吸毒女同性恋、广场恐怖症或者幽闭恐怖症、肥胖症、秃顶、丑人等协会组织，洛扎克统称为“情景网络”），社会诉求本身也披上了一层幽默的色彩。谐趣旨在缓减，旨在无限微化，旨在求同存异；如某些幽默集合体，其中还包含有更小单元的集合，也即在同一之中也有差异，就这样，一些团体被不断地分类、细化，但同时彼此间的一些微观的关联性也在被不断地证实，

① 大地艺术：也称环境土地美术，流行于英国。——译注

② 机遇剧：源于美国的一种戏剧，要求观众积极参与，演员随着偶然发生的事件自由发挥。——译注

由此一些新的独特性被从微观领域中分离出来。幽默的呈现与对社会现实过度细微的分解、分化是相辅相成的。如今出现了“肥胖是美的，秃顶是美的”等一类新口号，以及“犹太女同性恋”“更年期男性”“无父母组织”等一类新团体。这些现象表明在后现代的社会关系准则上、在对自我的认识上所呈现出来的幽默特征，该幽默源于历史的需要以及猎奇心理。要补充的是，这类幽默来得快，去得也快，无论什么协会都可以被时俗快速接受。固化的社会分工丢掉了鲜明的悲剧色彩，失去了先前悲怆感人的内容，在异彩纷呈、魅力尽显的情况下，它也焕发了新貌。

可以肯定的是，所有这些分化均未出现在围绕着生产、分配及环境而产生的严肃的冲突之中。随着革命意识理念的消散，各类社会运动甚至在面对官僚机构压制的情况下，依然能采用让人无比惬意的语言或口号；招贴、标语、自粘胶等都不假思索地采用了一种幽默风格，它们多少有些嘲讽性质，多少有些黑色幽默味道（如反核子者、环保主义者等）；而一些旨在“决裂”的运动，它们常色彩鲜明，配以扮装，并在一派“节日”的气氛中结束，随后，便是积极分子们对此的褒赞。特别是一些新社会运动，它们意图让斗争多少带有个性化的味道，让战斗精神也来“换换气”，这些新运动不再将政治与生活方式完全割裂开来，它们意图获得一种更为全面的、请愿的、团体的有时也是“谐趣的”经历。认真对待问题，或许也要战斗，虽非像从前那样进行艰苦卓绝的抗争，但不要失去幽默感；松弛的享乐主义及心理主义的风气虽然浸染到了社会运动层面，但这些运动并不排除随时开展一些强硬的对抗。

多态发散的团体让社会差异也幽默化了，与此同时，当今时代的超级个人主义也在致力于激发他者的幽默感。由于个性化，每

个人都略显怪异，但却没有令人难耐的神秘感，每个人都变成了一个对他者感到好奇的动物，因为他者就像是那荒诞剧场。我们都置身于这种共生的幽默之中，这也是一个个性化世界所必需的；他者不再能够吃惊，新颖也失去蛊惑性的力量，在一个什么都允许、什么都可以示人、只为博得一笑的世界里，新颖只是一朵嘲弄人的奇葩。如今的成年人在假期时像牛仔、像繁盛时期的印第安人那般地生活、穿着与“打斗”，有的人则将玩具娃娃当作孩子加以“领养”和抚育，人们穿着溜冰鞋散步，人们通过电波自然且极详细地讨论着性问题，各教派及其教徒、各种最不可思议的时尚以及做法都可以很快找到大量的拥趸；他者走出荒唐可笑的按部就班的阶段，步入了“奈我何”的阶段。自此，对他人的理解方式是既公平的也是不公平的，这是取乐的好奇心使然，在他人眼中，我们每个人看起来肯定多少有些令人惊奇、怪癖的东西。随着偶像和伟人的陨落，此时的人际关系也最终不再神秘，也不再有永恒的重要性；我们赋予他者的形象最终还是坍塌了，并沦为了笑料。不管在主观层面上，还是在人际层面上，个体表征都遭受到同样的损失，这种坍塌是由抑制和无意识所造成的。无意识使得自我失去了对自己的控制和认识；而幽默进程使得“本我”蜕变成为灵魂的傀儡。在享乐主义时代，同样也不能低估时代的作用和重要性，该时代不仅非实体化了单位的个体，也非实体化了其表征。个性化进程不满足于打破与贬黜，借用尼采的话说，个性化进程在基于精神分析法进行自我表达的同时，还通过将他者看作“第三类型”的生命体，也即一种难以理喻的怪物，从而将人际的表达也加以贬损了。

随着社会意义及生命体的幽默化，民主革命的高级阶段终于成形了。这个阶段旨在逐渐消除各类形式的实质等级，创造一个没有

任何实质差异的社会，一个既不深奥也不肤浅的社会，在这个过程中，以消弭冠冕堂皇的制度、团体及个人为己任的幽默进程继承了已经进行一百多年的现代民主化重任，并不惜采用除均等意识形态以外的其他一切手段。幽默时代减少了距离感，社会现实必然要及时跟进以便相互适应，因而尊崇不见了，高尚情操也消失在普遍的从容放肆之中，社会现实又重新回到完全自立的状态，从而在本质上与民主规划取得了一致。但与此同时，幽默化、个性化的时代给均等主义体制注入了一股清新的气息，让人不禁怀疑是否已经进入了所谓的“后均等主义”社会。实际上，一个曾力求用平等来自我调整以达到既无混杂也无差异的社会，而如今却正在异化他人以使之成为极端的另类，成为真正离奇的突变体；建立在个人绝对价值观原则之上的社会也即是这样的一个社会，其中的一些人可能成为另一些人无意识的、戏弄的对象；在所有人都明确拥有获得社会认可的权利的社会里，过度的个人主义让个体们不再承认有绝对的相同。越要承认均等，也就越要有细微差异，人际交往也就越发古怪滑稽。我们必须强调“意识形态上”的平等，但同时也必须要接受心理上的差异。尽管明显受到阶级差异的制约，但在波澜壮阔的平等阶段之后，民主社会幽默的本位主义阶段还是来临了，其实也就是平等捉弄着平等。

微技术与色情的性

社会分化的蔓延与技术倾向于“轻浮”几乎是同步进行的，个人与群体的超级个性化是对微型化诉求的回应，而且也为越来越多

的民众所接受。人们早已注意到现代技术发明诸多可笑的一面，如名目繁多的衍生品及其在绝对功能上的畸变（如 J.Tati 的电影）；在高保真时代，在视频时代，在“吹毛求疵”的时代，一个新的现象出现了，人们不再将无意识行为讽刺为“没用”。如今，幽默的内涵并非来自廉价的衍生品，而是源自占有较少空间的技术能力。总是越发地微小，如“超压缩机”，因为非标准化，一切都和他者一样有可能成为一个潜在的新奇点。因为“压缩”，因为尺寸变小，技术也变得幽默化了，如迷你音响、微型电视、随身听、微型电子游戏机、掌上电脑等。谐趣的效果，仰仗的是缩微，用的是最复杂的技术；在领略了亚微型化的机器、电子笔、迷你语音翻译器、手表电视、平板电视之后，无止尽的缩微化进程更是让人们赞叹、激动、崇尚不已。在微型化受追捧的氛围下，实用功能以及趣味性以一种全新的方式扩展开来；第二代新颖设备（很明显，连文字对此也力不从心了）问世了，它不再局限于装饰性的功能，不再局限于机械主义的超功能。如今，机器人、微电脑都是冷冰冰、智能、实惠的，家用电脑更是花样百出，它可依据单个家庭的品位和季节来制定菜单，可代替保姆来照看婴儿，如果情况所需，它还可以通知警察和消防队员等。由此，超现实主义的荒诞喜剧让位给一种“软”科幻。嘲讽结束了，随之而来的是信息技术的微型化，当“游戏”成为尖端技术（如电子游戏）的关注对象时，讽喻的喜剧便安静下来；和习俗一样，“小即是美”，紧随微处理器之后，技术在幽默的影响下也变得秀气了。在幽默涵盖这个领域之后，我们嘲讽技术产品的机会也许会越来越少。如在日本，当前的家用机器人已具有了人的外形，通过程序控制，它显得惟妙惟肖，在笑和逗乐方面更是如此。

技术变得色情起来。事实上，性和消费品一样，也进入精益求

精、展示、效能、遥控、“灵敏触控”、路径交替兼容、程序自由组合、追求绝对视觉效果等这样一个无限循环中来，而出发点便是防止人们将色情看成是一件十分严肃的事情。发展到了最高阶段，色情便也显得可笑起来，卖弄风情反过来也成为对性的一种谐趣模仿。一个不苟言笑的人，怎么会无缘无故地在性用品商店或者在看成人电影时哑然失笑呢？因此，在超过一定阈值之后，过度的技术也是可笑的。幽默已经超越了恶作剧或者放肆的范畴，性机器、追求“无所顾忌”的性游戏、高度忠贞的性，这一切都成了幽默的载体。色情如同技术化的性，目标是色情技术。当然，幽默阶段也是非实体化进程的最高阶段，色情驱散了情欲领域内的含蓄，化解了与法律、血缘、罪孽之间的各种联系，色情让性转变成为一种可供观瞻的技艺，转变成为一种幽默与赤裸二合一的剧目。

夜总会的自恋主义

当社会进入幽默阶段，新自恋主义便开始了。它是一个世界最新的没有主导力量的礼仪性的庇护所。针砭时政的谐趣模仿日渐冷落，在此消彼长的同时，对“我”的关注变得近乎是崇拜，总的看来，幽默的变迁是滋生自恋主义的主要土壤。随着社会价值观以及制度折向内在的幽默，“我”得以受宠并成了后现代崇拜的主要对象。如今的人如果不关注心理和精神平衡，他还会关注什么呢？仪式、习俗及传统都寿终正寝了，一切都沉浮在一个滑稽模仿的空间里，值此之际，自恋的痴迷和实践粉墨登场了，此时也只有它们带有一层荣耀的光环。人们对于心理惯例、严格的期限规约、分析的

征兆等都刨根问底，却较少注意到如今的体育本身也变成了一种新形式的传授神秘教义的实践，尽管体育是独立、形式多样的。人们领略了体育运动闪电般的进步，特别是个人运动的蓬勃发展①；最为有趣的便是所谓“自由”体育活动的开展，它没有竞争，也不在联赛框架之内，远离运动场和健身馆。慢跑、自行车、耐力滑雪、旋转、散步、滑冰、帆板，这些新的主打项目寻求的并非卓越成绩、力量和名誉，而是形体与健康，是运动的自由和优雅，是身心的陶醉。为了验证身体，体验所有新发明，知晓、驾驭最尖端复杂的补形术，定期更换设施等都是应该的，这是一种糅合了物质技术的感觉仪式。自恋也就是作茧自缚。通过放宽体育环境、推广“开放的”运动，个性化进程让运动在形式上变得宽泛起来；但反过来，个性化进程在发展过程中，却让自己变成了一种对抗幽默规则、涵盖越来越广的崇拜，人们不再拿身体和健康开玩笑了。和分析一样，体育也变成了一种谨慎的、有条不紊的或“专业”的“工作”，一种永恒的关注。幽默进程唯一的应对，便是每六个月或每两年激发一次个人强烈的体育热情，激发起所有的能量。在自行车运动之后，一种新的痴迷涌现了，这就是帆板运动，人们对它倾注了同等的认真以及热爱。时尚及其更新对自恋主义本身也是青睐有加。

① “在法国拥有网球比赛许可证的人数从1950年的5万人发展到1968年的12.5万人，在1977年更是超过50万人，人数在不到9年的时间内增长了3倍。而那些拥有滑雪许可证的人在1958年至1978年间增长了3倍，至今几乎达到60万人，这完全不是一个偶然现象，足球运动者的数量一直比较稳定（在130万人左右），这点和橄榄球人数一样（14.7万人）。个人的偏爱同样体现在广泛的体育运动中，参与柔道运动的人数在10年间增长了2倍（从1966年的20万人增长到了1977年的60万人）。如果去深入分析自1973年以来体育运动的演变，人们就会发现，肌肉运动退潮的现象随处可见。”参见阿尔弗雷德·科塔（A. Cotta）：《有趣的社会》，Grasset出版社，1980年，第102—103页。

某些领域有能力通过浓缩、整合自有的现代特征以实现自我塑造，并成为时代的表达符号，而这里无疑便是幽默及自恋进程可以大显身手的“豪华大旅馆”。年轻人的新自恋主义更关心的是自我兴奋，是在舞蹈中感悟躯体，而不是与他人交流，这点已广为人知。同时还有被离奇地改用他途的“豪华大旅馆”。“豪华大旅馆”被改造成为“夜总会”，“夜总会”钟爱的是变了味的剧场，崇尚的是破败的建筑布局，里面的空间可以被侵占，以便安装最先进的视听设备，以便使之成为大众的创作室。夜总会由此也变调了，封闭的“盒子”及其催生情愫的功能在此终结了。这里的“夜总会”是一幕音乐会，同时也是一幕完整的戏剧，一幅由“特效”、激光形成的电子视听动画、投影以及机器人等所组成的场景。这幅场景随处可见，它可以出现在音乐里、人群中，出现在流行的裸体族身上或灯光闪烁的演出中，出现在对“外表”、声音以及光学效果的追捧中。这种超级戏剧化让“豪华大旅馆”也相形见绌了。而事实上，它也是一个流光溢彩的鱼龙混杂的地方，一个让表演者“极度兴奋的”的新巴洛克式的场所。过度的展现的确使人窘迫、让人着迷，自导自演的场面放纵、混杂，却也不乏幽默感。这就是“新浪潮”的万花筒，这就是幽默的魅力。场景是变幻不定的，而所有这些奢华的示范表演实际上并不在于引人注意或者博取赞誉，而是在于“寻开心”，在于体验和忘却。这盛大场面为自恋提供了土壤，而外在的张扬也为内心体验提供了条件；“豪华大旅馆”的逻辑是矛盾的、幽默的。一切都是过度的，扩音设备、灯光秀、音乐韵律操、旋转、顿足的人群、特有的癫狂等，这是虚幻在膨胀，这是个体及其特征的大卖场。当然，这一切也是微型化的自恋以及环境普遍虚幻化所必需的。人们在其中穿行，似乎置身于一个有着千万

商品的超市，没有固定的位置，也没有确切的标记，这种超常的夜间活动让所包容的一切都变得虚无。“豪华大旅馆”如同是新事物的集合，其中有新颖的技艺，也有新颖的“夜总会”。表演或者舞厅，音乐会或者戏剧，机遇剧或者演出，自恋的或者躁动的群体，劲爆的迪斯科或者偏安一隅的酷，在这样一个多功能、不确定的空间里，泾渭分明却又相互交错，每个人都可盖过他人或者全方位影响他人，每个人都可以让他人发笑。其中的一切都是同时发生的而且都是不确切的，所有的范畴、所有的种类在这里相遇，在竞相参与这种从攀比到攀比的游戏，这是一种怪诞而有趣的共存，“豪华大旅馆”的幽默便是源于这种空洞的普遍的夸张进程。在节日期间，“豪华大旅馆”同样也没有固定模式，尽管节日被看作后现代社会的方向标。与所有的侵犯、所有的暴力符号相反，“豪华大旅馆”是按照一种聚集的以及壮观的逻辑运行着；神圣、完人、人间太阳[1]等，由于集体的自恋而都不复存在了。为人所知的巴黎第一个幽默的“夜总会”，也即“豪华大旅馆”，它其实就是另一个“博堡”（Beaubourg）[2]，即首座开放的无栅栏的大型的趣味博物馆，其中的个体、群体、楼梯、展览馆等，一切都在无休止地运动着，其中的作品和陈列室也都带有一层新奇的色彩。时尚服饰因模仿工作服而变得宽松，“博堡”同样也采用了工厂、精炼厂的布局。通过民主化，博物馆也变得不再肃穆庄重，人们用斑斓的管状褶裥对其加以装点，使其变得趣味盎然。“博堡”和“豪华大旅馆”表明，幽默进程，它横扫一切，既不放过文化地点，也不错过夜生活地点。

① 人间太阳：法国国王路易十四被称为“太阳王”。——译注

② 博堡：蓬皮杜国家现代艺术中心博物馆所在地。——译注

L'ÈRE DU VIDE

第六章

原始的暴力和现代的暴力

暴力无法或者几乎无法获得历史研究的青睐，但至少可以透过这类偶然事件的表象看到其本质，并设法从这类大范围的活动中、从其主要的断续中揣摩出一些理论并勾勒出人类的走向，然而长期以来形成的概念仍在作祟，这是问题所在。在数千年期间，虽历经极为纷杂的社会变迁，但暴力和战争依然是主流的“价值观”，其残酷性依旧并且合理，它们像是激发最受人欢迎的快感的一种“成分”。但为何血腥社会可以演变成为温柔社会？且自此以后，人际间的暴力就成了一种无耻的、可导致社会混乱的行为，残忍也就成了一种病态。是什么导致这种突变呢？但这些问题，与那些因现代国家权力衰微、恐怖平衡以及寻求武器所引发的问题相比，便是小巫见大巫了。在历经经济至上或权力至上的阶段之后，与个人主义社会相伴而来的人际关系上的革命似乎算不上什么大事，它失去了一切基本效能，也不值得被更新发展。有关死亡以及阶级斗争冲动的假设并非毫无用处，它让暴力的原则变得可信，并延迟了对暴力命运的诘问。

这并不是 19 世纪伟大思想家的过错，如托克维尔和尼采，尽管两位思想家素昧平生，但其讨论的民主现象却同样令人着迷，他们都直截了当地提出令当代主流思想极其难以容忍的问题。至今，

已有埃利亚斯[①]以及其后的克拉斯特（Pierre Clastres）[②]二人从不同的层次再度激活了这个问题。为了继续探究暴力及其演变问题，有必要沿着国家、经济和社会结构这三条主线来分析暴力与这三者之间的系统性的关系。要概念化暴力，却不能像理解政治、经济和心理那样理解暴力，而应把它看作一种行为，这种行为有着涉及整个社会现实的意义，这也是我们要全力弄清楚的意义。暴力和历史，已不再是持怀疑论的学者或危言耸听的新闻统计学者的话题，我们需要进一步往前追溯，以明晰暴力的逻辑，以尽可能去廓清：从我们说话的现在，到各方大致冷静下来之时，也正是西方社会进入一个崭新时代之时。

荣誉与复仇：原始的暴力

千年以来，社会一直在一种野蛮的状态下运转，功利主义、意识形态上的或者经济上的思考并不能阐释人类的暴力，因为暴力基本上是按照两种严格的结果论法则形成的，即荣誉法则和报复法则，二者是我们难以确切理解的，所以它们注定要被从当今的世界逻辑中删除掉。荣誉、复仇是两个古老的命令，它们与原始社会、

---

① 诺贝特·埃利亚斯（1897 — 1990）：德国著名社会学家，一生致力于“人的科学”的研究，试图整合社会学、心理学、历史学等学科，并以“形态社会”来整合微观社会学与宏观社会学、“心理发生”层次与“社会发生”层次的问题，被誉为20世纪百科全书式的人物。代表作品有《文明的进程》《宫廷社会》《个体的社会》《圈内人与圈外人》等。——译注

② 皮埃尔·克拉斯特（1934—1977）：法国哲学家、人类学家，他的主要著作有《反国家的社会》。——译注

与平等的“整体主义的”社会息息相关，在这样的社会里，个体要服从集体，同时“人与人的关系要比人与物的关系更重要，也更受重视”①。个体和经济是无法自立的，因此它们要服从社会规约的逻辑，在这种情况下，荣誉法则便盛行起来，因为声望以及社会评价高于一切。另外还有报复法则，事实上，这个法则意味着个人的利益要服从于集体的利益，意味着姻亲、代际、生者与亡者之间的联系是不可能剪断的，部落、宗族的利益至上，人们要以生命为代价来捍卫它。荣誉与复仇清楚地表明了集体对个人的主宰地位。

作为原始社会基本架构的荣誉与复仇法则，其实也就是血缘法则。荣誉至上，与公众的评价相比，生命不值一文；勇气、藐视死亡、挑战都是备受推崇的高尚品德，而怯懦则处处受到鄙视。荣誉法则将男性定义为以力量保障他人安危、赢得他人认可，并不惜战死以求得尊重。在原始社会，捍卫荣誉就要使用暴力，没有人能容忍侮辱和冒犯所造成的颜面尽失；在原始社会，争吵、谩骂、仇恨及嫉妒等行为要比现代社会更容易引发血腥的冲突。但原始社会并没有表现出一种不受控制的冲动性格，彼时的好斗是一种社会逻辑，一种与荣誉法则不可分离的社会化形式。

原始社会的战争不能脱离荣誉法则而存在。依据这种法则，每个成年男子都应当是一名战士，都应当勇敢、骁勇、不惧死亡，因此可以说，荣誉法则给战争提供了动力与激励；原始的暴力，在很多情况下都没有任何经济目的，它是一种捍卫声誉的战争，而所获荣耀和名望的多少，是由缴获的辎重和战利品、带发头皮、马匹、俘虏的多少来确定的。如克拉斯特指出的那样，至上的荣誉催生出

① 参见杜蒙：《平等的人》，伽利玛出版社，1977年，第13页。

一些全力以赴争取战功的战斗组织，他们不得不永远面临着死亡的挑战，越险恶的征程越能彰显大无畏精神，这让他们最终都走向死亡。[①]

如果说原始的战争与荣誉密切相关的话，那么复仇法则同样也是如此，因为暴力就是为了荣誉或者是为了复仇。一宗侮辱、死亡事件，或者一次事故、伤害，一种因对方巫师诅咒而产生的疾病等，都可以引发武装冲突。这便是复仇，它要对方流血，要折磨、烹食俘虏或者用其来祭祀，有了复仇法则，所以俘虏就不应该企图逃跑，因为如果要逃跑，那么就证明了其父母和族群没有足够的勇气来为他的死复仇。促使人们去报复、去清除刽子手及其族群的是不怕死的敌人的复仇意识，这种意识让人害怕。另外，复仇不仅针对敌对的部落，遭殃的还有部落里的妇女或儿童，目的是用他们来弥补因壮年人死亡造成的人口失衡。原始社会的复仇是非心理化的，其中并没有表现出敌视，如在图皮那巴斯人那里[②]，一个俘虏常可以在俘获他的部落中活上十几年，他享有很大的自由，也可以结婚，他的主人和妇女们也常把他当作村中的一员而加以垂青和爱戴，但这并不能阻止人们将他当作祭祀品，这是他不可避免的结局。[③]复仇是一种社会命令，它不受个人以及群体所拥有的其他情感的制约，也不受个人罪孽感以及责任感的制约，复仇基本体现了原始思想对秩序和对称的要求。复仇，它是事物的“平衡物，是对临时中

① 参见皮埃尔·克拉斯特（Pierre Clastres）：《冷血战士的悲哀》，载《自由》，1977年，第2期。

② 图皮那巴斯（Tupinambas）：亚马逊丛林中的好斗的部落，打败敌人后常吞食战败者的尸体。——译注

③ 参见阿尔弗雷德·梅特劳（Alfred Métraux）：《宗教和印度巫术》，伽利玛出版社，1967年，第49—53页。

断的平衡的恢复，是社会秩序不至于被破坏的保障”[①]，任何一方都不能长期地过强或过弱。原始社会是复仇的黄金岁月，复仇笼罩着整个原始世界，个人和集体行为中无不浸透着这种意识。复仇需要暴力，体系和神话分类法需要“投机”思维，它们都旨在维护世间和集体生活的秩序，历史真实性就这样终结了。

勒内·吉拉尔（R. Girard）认为，祭祀既是一种用来遏制无休止的复仇过程的工具，也是一种用来打破无休止的报复与反报复循环、保护整个族群的手段。但他忽略了这样一个基本的事实，原始社会的复仇并不是为了遏制什么，而是要以此来训练成员，这也是勒内·吉拉尔关于暴力的最新理论看起来像是建立在极端的悖论之上的原因。[②]用一些无足轻重的替代品进行祭祀便能终结暴力，便能终结所谓的能化解内心复仇意识的暴力，这种说法是站不住脚的，同样，复仇是一种威胁，是一种变相的恐怖，这种说法也是站不住脚的。原始人的复仇观并不是惩戒性的复仇观，在原始人看来，复仇是一种社会化的工具，它与慷慨一样，是值得尊重的“价值观”。以牙还牙是灌输复仇法则的基本规则，如在雅诺玛米人[③]社会中，“一个小男孩儿不小心碰倒了另一个男孩儿，后者的母亲便会催促其儿子打那个冒失鬼”。她远远地对他喊道：“报仇，倒是报仇啊！”[④]复仇的暴力并不像勒内·吉拉尔所说的是一种非历史、生物人类学的表现，它是一种社会制度，它不是一个“世界末日般的”

① 参见皮埃尔·克拉斯特（Pierre Clastres）：《巴拉圭印第安人发展史》，Pion 出版社，1972 年，第 164 页。

② 参见勒内·吉拉尔：《圣事与暴力》，Grasset 出版社，1972 年。

③ 雅诺玛米人（Yanomami）：生活在巴西和委内瑞拉雨林中的一个部落。——译注

④ 参见雅克·利佐（Jacques Lizot）：《火圈》，Seuil 出版社，1976 年，第 102 页。

过程，而是一种有限的暴力，目的是保持世间的平衡，保持生者与亡者之间的对称。不能把原始制度想象成为旨在遏制或扭曲超历史的暴力的一部机器，而应当将其看作产生暴力并使之常态化的一部机器。在这种情况下，祭祀也就成为一种对暴力法则的演示，而不是对其发展的桎梏，因而祭祀既非替代也非迁移，祭祀是复仇法则的直接结果，一种毫不掩饰的对流血的要求，一种让世界和社会现状得以持久平衡的暴力。

莫里斯·戴维（Maurice R. Davie）有关复仇的观点颇为经典，他认为“原始的族群，并不拥有立法体系，也无法庭和法官来量刑，然而他们的成员却普遍过着安全而宁静的生活。在这种情况下，又是什么在发挥着文明社会中司法程序的作用呢？人们可以在个人复仇和伸张正义的行为中找到对此的回答”[①]，但这种解释并不令人满意。复仇是获得内心平和的条件，那么它就等同于正义？复仇主张暴力、美化报复、武装个人，但司法制度所做的恰恰是要杜绝这种对个人暴力的迷信，由此，复仇成了一个饱受争议的概念。复仇是一种借助暴力的社会化机制，在复仇概念中，人们不应当容忍任由犯罪、冒犯而不受惩罚，没有人能独占暴力的力量，没有人能够放弃让敌人以血的代价来偿债，也没人能够指望他人来保证自己的安危。原始的复仇是无政府的，复仇行为旨在阻止政治治理体系的建立。复仇是一项不受时效限制的责任，就暴力而言，所有人都是平等的，没有任何人可以独占暴力或者拒绝暴力，没有任何人需要一个特别的机构来保护自己，原始社会最终没有建立国家机器，[②]不仅

① 参见莫里斯·戴维：《原始社会的战争》，Payot 出版社，1931 年，第 188 页。
② 参见皮埃尔·克拉斯特：《暴力考证》，载《自由》，1977 年，第 1 期，第 171 页。

是因为战争及其离散力，从社会内部来看，还有荣誉以及复仇法则这两个因素，二者压制了认尻并寻求保护的念头的出现，并由此也阻碍一个大权独揽、可定生死的裁决机构的出现。

与此同时，复仇法则也在全力遏制只顾个人利益的独立个体的出现。在原始社会，社会整体要优先于个人意志，这体现在行动上，活着的人有义务去证实自己与亡者之间的血脉联系，证实自己与群体的鱼水相依关系。复仇让生者与亡者联系在了一起，复仇并非由个人来承担。由此看来，复仇就是实现整体主义社会化的工具，它像是一种奉献法则，目标在于实现社会的整体主义功能，而并不在于实现从自然向文化的过渡。集体重于个人，为此便要贡献自己、妻儿和姐妹，禁止聚敛财产和乱伦。

随后，要比较的是另一种制度，这便是暴力制度。比如，通过一系列强烈的且痛苦的入教仪式，来表明小男孩儿已长大成人。忍耐、折磨都是源自原始社会的整体主义要求，它以一种露骨的方式直接用身体来进行宣告，宣告个人对于集体的绝对服从，对于一种至上的神圣法则的绝对服从，所有人概莫能外。折磨仪式是对不人道的法则所做的最好注释，它表明，法则要求的就是听命，而非思考或者改变，这是一种凸显来自他处的强势本体论命令的手段，也似乎是一种对旨在变化的人类能动性的蒙蔽。以让人痛苦的考验来摧残能动性，这样做的关键在于将社会规约这样的他律强加在人身上，以便让这些规约拥有不可撼动的地位。此外，这样做还在于压制一个不受制约的且有权做出历史性改变的机构的出现。① 和复仇一样，这种原始的残酷也是一种整体主义的制度，它有悖于个体自

① 参见克拉斯特：《社会与国家的对抗》，子夜出版社，1974 年，第 152—160 页。

主，也有悖于政治分化，它是违背历史的，入教仪式与为了集体荣誉和团结而视死如归的复仇法则一样，也要求人们无条件全身心地服从那些至高无上的族群规约。

和入教仪式一样，酷刑的实施揭示了原始残酷的深层意义。野蛮的战争不仅在于组织袭击和屠杀，还在于俘虏敌人，使其遭受男人、妇女和小孩的折磨，有些令人难以置信的酷刑却没有引起任何的恐怖感和羞耻感。这种残暴的风气很长时间以来一直都在强化之中，尼采从中发现有一种侵略冲动的狂欢，接着巴塔耶[①]也从中发现有一种非生产性的成本，但自此之后，社会的、政治的暴力逻辑就一直被这类“能量的”命题所掩盖。在原始的残暴中并没有显现出“折磨人的快乐”，因此不能将残暴看作对所受损害的对冲，但“折磨产生无穷尽的快感，可以补偿所受到的伤害以及由伤害带来的折磨，这为受损一方带来一种极度的反快感”[②]。野蛮的酷刑与情感和激动无关，它是一种仪式活动，这也为复仇法则所要求，为的是在生者和亡者之间找到平衡。由此可见，残暴是一种社会逻辑，而不是寻乐逻辑。这表明，通过将残暴和“报应”联系在一起，尼采已经隐约窥见了问题的本质，他甚至从经济交换的角度出发赋予残暴以一种现代唯物主义的意义。[③]事实上，野蛮残暴的酷刑只有和特别极端的“报应”联系起来才有意义，因为把生者和亡者维系在一起的正是报应。这类极端的报应，让人立刻想到历来拥有一种特别力量的亡者，它代表着一种强大的威胁。由于报应涉及可见与

① 乔治·巴塔耶（Georges Bataille，1897—1962）：法国20世纪上半期著名哲学家、评论家、小说家，亦是后结构主义的先驱。——译注

② 参见尼采：《论道德的谱系》，第二篇，第6节。

③ 同上，第4节。

不可见的两个世界，而且这两个世界之间的联系随时可以中断，生者如不能获得亡者的庇护和公正对待，生者将无法兴旺发达。由此，生者便要用“盈余”来弥补亡者的亏空，要用痛苦、血或肉的“盈余”（在食人肉的盛宴上）来履行复仇法则。总之，是为了将中断变成连续，为了求得平和以及得到亡者的关爱。原始的复仇和残酷制度是分不开的，它们像是保障一个生生不息的社会秩序延续的工具。

随之便是在交换逻辑下的酷刑泛滥，至少是在生者与亡者之间建立联系的逻辑下的酷刑泛滥。在此无疑要参考一下克拉斯特的分析，他认为战争绝不是因为一个偶然的交换失败，战争是一种初级结构，是原始社会存在的一个中心目的，是它决定了联盟和交换的必要性。[①] 然而，暴力的政治意义一旦“确立”，便要当心别把交换当成一个与战争无关的工具或一个纯粹的战术目的。对于主流观点的批评不应当掩盖战争因为交换、交换因为战争这点。在原始社会，战争以及交换是相辅相成的，战争与捐赠规则是不可分割的，而这个规则与永恒的战争状态也是相适应的。

原始的暴力与复仇之间的步调是一致的，暴力与互利逻辑之间的关系同样也是亦步亦趋的。在事关复仇大计之际，除了慷慨奉献财产、女人、食物，还要毫不犹豫献出自己的生命；和奉献财产一样，生命要付出，鲜血也要流。复仇是否到位要以和解是否到位作为对应。族群的团结互助可以从财富的流动中、从复仇的暴力中得到确认。暴力和交换法则并不矛盾，但在生者之间或生者和亡者之间所发生的交换中，互惠互利的脱节依然存在着。

① 参见克拉斯特：《暴力考证》，载《自由》，1977 年，第 1 期，第 162—167 页。

暴力与交换有着结构上的渊源，但却不能简单地将交换完全等同于一种和平的制度。无疑，依据捐献和随之产生的债务规则，原始人之间结成了联盟，[①]但这并不是说交换与战争无关了。莫斯[②]在其著名的论述中曾突出强调由交换所引发的“财产战争”以及这类相互的暴力是制度性的，甚至连挑衅、敌对都达不到这种广度。莫斯指出，这种资本现象，难以完全彻底地加以分析，交换“引发了一些突如其来的争吵，而交换本来是为了消除这些争议”[③]。交换创造出来的是一种脆弱的、不稳定的、随时处在被打破边缘的和平。至此，问题的关键在于知晓这旨在求得安宁的交换却难以如愿的原因。由此，我们再来审视一下列维-斯特劳斯[④]的解释，按照他的说法，战争仅是一种偶然的交换失败，是一种不幸的交换结果。或者，这互惠互利的制度本身就是滋生暴力的土壤。在我们看来，这第二个推论是合适的。从表面上来看，捐赠参与形成了战争逻辑，这点没错，但以这为基础建立起来的联盟必然是不牢靠的。由于互惠原则本身就是一场象征性的斗争或名义上的斗争，而不是一种聚敛财富的手段。因此，总是在对峙和冲突即将发生时才启动面对面的互惠讨论，如在亚诺玛米[⑤]社会，经济和妻女的交换决定着亚诺玛米社会联盟的命运，在这交换当

---

① 参见马歇尔·萨林斯（Marshall Sahlins）：《石器时代，富足时代》，伽利玛出版社，1976 年，第 221—236 页。

② 莫斯（Marcel Mauss，1872—1950）：法国著名的社会学家和人类学家，涂尔干的侄子。——译注

③ 参见莫斯：《论捐献在社会学和人类学中的意义》，P.U.F. 出版社，1960 年，第 173 页。

④ 克洛德·列维-斯特劳斯（Claude Lévi-Strauss，1908—2009）：法国著名人类学家。——译注

⑤ 亚诺玛米：该族人居住在巴西和委内瑞拉边境的雨林中，是亚马孙最离群索居的部族之一。——译注

中，“各利益攸关方各持己见几乎到了破裂的边缘，但正是这种危险的游戏、这种剑拔弩张的气氛才让人刺激”①。捐赠是一种滋生潜在暴力的制度，因为它不易形成一个利益补偿循环，但这又恰好被看作一种冒犯，看作一种战争行为。因此，朋友变成敌人、盟约蜕变为战争都不需要有太多理由。作为建立在挑衅基础上的一种构架，交换无法维系长期友谊，也无法达成长期稳定的各色友邻紧密团结的局面，因为这将使彼此失去长期的自立性。原始民族之间关系的脆弱，联盟关系的建立和解体，原因是多方面的，这不仅要归因于战争的要求，还要归因于所有借助交换才能维系的关系。将各群落维系在一起的不是利益，而是一种象征逻辑，这样的友谊被交换轻而易举地打破了，一如建立时那样简单，没有任何的社群可以避免这类战争行为的爆发。互利互惠规则并不是一种战争策略，而是导致原始社会长期战争的社会条件。

交换通过强调慷慨和捐献的义务，在社群中确立了荣誉规则，交换也成为暴力的非直接因素。和战争命令一样，交换规则使得荣誉社会化了，同时也使得暴力社会化了。战争和交换结伴而来，野蛮社会如克拉斯特所言，就是“为战争而来”，甚至一些旨在和平的制度在当时也只是充当一个好战的平台在发挥作用。

人们无法完全搞清楚在交换和巫术之间到底存在着何种联系。在野蛮社会中，两者共存的现象随处可见，因此这不是一个偶然的现象。事实上，这两个制度相关性极强。在原始社会，人们知道，生活的不幸、灾祸、人类的苦难等，并不是一种源自巫术的偶然事端，而是源自他人的蓄意损害，是蓄意的犯奸作恶。孩子被蝎子叮

① 参见雅克·利佐：《火圈》，Seuil 出版社，1976 年，第 239 页。

咬、收成不好、狩猎不顺、伤口难以愈合等，所有这些倒霉事都会被认为是某人在暗中使坏。巫术无疑也是某种形式的“实用科学”，它是一种原始思想，一种维护秩序的手段，一种尽可能解释人类不幸的手段，但不能忽视的是，这种“哲学”将仇恨和暴力纳入对人际关系的“表述”中，于是，巫术便成了继续贯彻战争命令的一个另类手段。和每个社群都有自己的敌人一样，每个人也都有自己的敌人来为自己的不幸负责。一切的苦难都来自某种神秘的暴力，来自一种恶性的斗争，于是人们便按照一种由战争和交换建立起来的模式来做判断，他人非敌即友。实际上，依据互惠互利的原则，人们或是因交换了礼物而结成联盟，或是因礼物交换失败而成了敌人。原始社会一方面阻碍着政治分化的出现，一方面通过人际关系的表述来制造对立。战争、交换和巫术，让人感觉人类世界真的离不开暴力和冲突，其中的冷漠和中立，与如今在个人主义社会中盛行的冷漠和中立如出一辙。

除上述的平行论之外，巫术在交换中也找到与自身功能相适应的社会条件。在捐献规则下，一些人必须要以另一些人的存在为条件方可存续下去，无法想象一个脱离他人而存在的人。[1] 既然从巨大伤害到自我存在等，一切必定要涉及他人，那么捐献这种模式也必定要以一种否定的形式存在于妖术之中。在这种情况下，人们不能只从自己一方来思考问题，按照捐赠规则，人只存在于一种事先确定好的与他人的社会关系中，而巫术则只是对捐献规则做出逆向阐释。对各类灾难事端用妖术等词汇来加以阐释便是源自这种强制交换的背景，因此，巫术不是一种自由泛滥的非民主思潮，它的社会基本框架依旧是

① 参见马塞尔·戈谢：《论人文精神的实践》，伽利玛出版社，1980年，第391页。

互惠互利的规则，依旧是人与人依存的整体主义法则。反之，在一个个体只为他人而存在的社会里，便没有了巫术；在当代，妖术的遁形与一个新型社会的出现是分不开的，其中他人逐渐变成为一个陌生人，一个与内在真实的自我并无多大关联的陌生人。

未开化的体制

国家的到来使得战争的功能也发生了巨变，战争从其在原始社会中所充当的平衡或社会保护的工具变成了一种征服、俘虏和扩张的手段。通过摒弃复仇法则，通过废除与亡者交换这一主要功能，战争走向了旨在实现主宰的新空间。欠亡者的债是整个社会的最高原则，而战争仅是一种神圣的地域性的命令。确切地说，要通过使用暴力以恢复原状，这便是祖先所传承下来的东西。随着政治分化的出现，权力机构不再奉亡者为尊，而是将互利互惠的逻辑奉为至上，同时，国家自身的不对称性也给交换领域带来了一个二律背反的原则。国家的确立，必须要避免将复仇等同于战争，而且自己必须要从复仇法则中、从对亡者的债务中解脱出来，最起码也要部分地解脱。征服的暴力一出现，国家便将战争权据为己有，并开始征收土地和奴隶、构筑堡垒、组建军队、颁布军事纪律和纲领；战争不再是反对国家，它是神圣的职责使命，是国家特有的权力。一个崇拜权力的新纪元开始了，而未开化则是指前现代国家社会里的暴力体制。

无疑，国家的最初形式并不能完全摆脱债务观的影响，独裁者也只能将自身地位和合法性归结为其他的堂皇理由或者宗教论断，以便自己成为化身或者代理人，但作为奴役者和食利者的国家，只

能以一些神圣的至高无上的权力而不能以亡者的魂灵为借口，只有这样，它才可以成为合法的国家，因为为了亡者魂灵势必会损及国家至高无上的权威，损及那必不可少的与国家所主宰的社会之间的差距感。

摆脱了复仇法则之后，战争与采用征兵或雇佣制的军队建设一起步入了专业化的轨道，同时步入专业化轨道的还有通过军事行动而建立起来的森严的等级制度，以便让军事征服充满激情与荣耀。但包括偏远地区人口在内的大多数人则被排除在军队之外，他们被剥夺了从事这种高尚活动的机会，也即是参与战争的机会，他们注定要成为职业军队的供养者。然而，对平民来说，这样大范围的非武装化并不意味着就没有了暴力、荣誉和复仇。事实上，整体主义以国家的形式延续了下来，它与斗争价值观以及永恒的战争三者共同构成暴力习俗的源头。在中世纪，人际暴力发生的频率和血腥程度都和名誉问题相关，这不仅涉及战斗者的荣誉，也事关整个民族的声誉。[①]因此，为了荣誉，隐修院内部以及修道院之间也会出现流血和暴力，[②]城市中的资产阶级为清算他们的恩怨也会毫不犹豫地拔刀相残。[③]中世纪后期的裁决记录表明，在城市里，暴力、斗殴、伤害、谋杀事件一直层出不穷。[④]人们被划为不同的序列，他们被分为战争者和生产者，随着等级制度的到来，在平民名誉和贵族名

---

① 参见马克·布洛赫：《封建社会》，载《人类发展史》合订本，Albin Michel出版社，第416页。

② 参见马克·布洛赫：《封建社会》，载《人类发展史》合订本，Albin Michel出版社，第568页。

③ 参见诺贝特·埃利亚斯：《习俗的文明化》，载《合刊》，第331—335页。

④ 参见布罗尼斯瓦夫·盖莱梅克（Bronislaw Geremek）：《无业游民的悲惨生活》，载《档案》集萃，伽利玛出版社，1980年，第16—22页。

誉之间自然也就出现了极大差异，它们各有各的法则，这同样也引发了复仇，成了以命相搏的导火索。

虽然国家已不再为了亡者的债而发动战争，但这绝不意味社会就此放弃了复仇行为。诚然，国家为了树立权威，必然要大力限制私下的复仇行为，必然要用一种公共司法裁决原则来替代复仇，而且会适当颁布一些法律来规范复仇过度的问题，如同态复仇法（以牙还牙的报复）、连带责任（Abandon Noxal）、法定和解赔付金等。由此，人们认为，原则上而言，复仇就是同国家作对，至少是和国家的繁荣作对，这解释了为何复仇与代表着最高权力的司、刑法律制度同时出现的现象，而这些制度目的在于抑制内心复仇的情绪并成全至上的律法。尽管有权力和法律的规约，但大范围的家族复仇依然存在着：一是由于公共强力部门的不足；二是由于复仇意识在整体主义社会中仍根深蒂固。在中世纪，特别是在封建社会，“有仇必报”（La faide）历来都是充斥整个社会的一种道德要求，这对高贵的骑士子弟、对田野村夫都一样。“有仇必报”促使家族群体去惩罚谋杀自家成员的凶手，让其偿还血债或者对其加以凌辱。一些微不足道的争执经常可以引发无休止的族群间的仇杀，这种仇杀可以持续数十年，并最终搭上几十条人命。复仇离不开整体主义的社会秩序，而刑法本身也就是对这种复仇形式的一种沿袭。因此，古希腊法律或者古罗马“十二铜表法”虽废除了族群间的仇杀原则以及自行决断的权利，但作为补偿，仍赋予最直接的当事人对谋杀者采取行动的权利；13 世纪，在某些地区也恢复了类似的法律手段，如依据同态复仇法，对于故意杀人犯，他的身体应交由受害者的父母亲来处理。无论有无国家形式，社会都会按照强调族群团结的整体主义规则来运行，

因此，复仇或多或少仍是一种责任；直到进入个人主义社会，复仇的合理性仍未消失，如现代国家，它明确表现在独占合法的暴力上，表现在对社会例行的保护和控制上。

在国家体制下，荣誉和复仇依然存在，这和残暴习俗的存在是一样的。但国家及等级制度的出现无疑会彻底改变人们对盛行在原始社会的残暴的态度。残暴从一种神圣的仪式演变成为一种野蛮的行径，一种赤裸裸的力量的宣示，一种公众的狂欢，它让我们想起了罗马人对斗士与动物搏杀的血腥场面的嗜好，让我们想起了骑士们狂热的斗志，想起了对俘虏和受伤者的大屠杀，想起了对战败者理直气壮的掠夺和伤害。如何解释这绵延数千年来的顽固不化呢？从远古到中世纪再到如今，这些残忍的习俗仍未消失，这种存在会让公众感到羞愧吗？应当注意的是，残忍习俗与整体主义社会是相辅相成的，但与个人主义社会却是矛盾的。群体利益至上实际上妨碍了人们赋予私生活和痛苦其应有的价值。在个人服从集体规约的社会里，野蛮残暴起因并不是克制力缺乏或者社会镇压，它是个人自主存在不被认可的直接后果。

残暴、整体主义以及尚武的社会是如影随形，残暴只在尚武的价值观盛行之际才能成为主流的社会习惯，人们行使武力和进行征服是天经地义的，要勇敢、坚韧、不畏死亡，要对敌人残酷无情，这些价值观旨在鼓励人们要大胆、全力以赴地去显示自己的力量，旨在贬低自己及他人的懦弱，旨在用浴血的荣耀、与社会所推崇的视死如归来衬托私生活的渺小。残暴是一种历史的机制，它离不开将战争奉为至尊的社会意识，野蛮残暴，它是战争之子，是英勇善战的典型符号，是证实身份的血腥工具，是灌输整体主义逻辑、军事逻辑的极端手段。

作为一种高尚行为的战争，它和社会传统模式是相互依存的。在个人主义之前，一切社会只有赋予战争以至上的地位才能存续下去。由此，我们应当反思对现代经济的认识，那些封建的、残酷的、帝国的战争，虽然也可获得财富、奴隶或者土地，但它们却鲜有专门的经济目的。战争以及战争价值观极大地阻碍了市场以及严格经济意义上的价值观的发展。通过贬低以赢利为目标的商业活动，通过合理化以暴力掠夺和侵占来的财富，战争阻碍了交换价值观的普及，促进了一个与经济现象无关的领域的形成。以战争为至高无上的职责并不能阻碍商业的发展，但却可以限制商人的活动范围以及资金流动，使得通过交换途径实现赢利处于二流的位置。战争限制了经济独立化，最终也阻碍了个人成为自由的人，而这自由的人却是独立的经济活动必不可少的因素。对整体主义而言，战争看来是不可或缺的。

文明化进程

历史演变的路线是明确的，在几个世纪的时间里，由荣誉感、复仇、残暴等所支配的血腥社会慢慢过渡到文明程度较高的开化的社会。在这样的社会里，人际间的暴力行为不断地减少，武力的使用会让迷信武力的人名誉扫地，野蛮和残暴引发的是愤怒和恐怖，暴力和快感也不再有关联。大约自 18 世纪起，西方受到了文明化进程的洗礼，它要改良那些我们继承并发展的恶俗，自此以后，流

血、杀戮、伤害、打架、斗殴等犯罪大量减少，[1]决斗现象消失，虐杀儿童现象大为减少，而上述这些现象在16世纪曾十分盛行。最终，在18世纪末到19世纪初，我们看到人们放弃了酷刑，自19世纪初，死刑的判决和执行数量也大大降低了。

埃利亚斯有关行为人性化的论文非常著名，即人们从好斗、恣意对他人复仇的社会过渡到了侵略冲动受到抑制的社会，原因之一，复仇与社会功能越发倚重的“差异化”格格不入；原因之二，复仇与现代国家独占的强制力格格不入。在没有独占的军、警强制力存在时，由于不安全感的存在以及个人暴力的存在，个人具有侵略性是必然的。反之，在拥有垄断的强制力的中央政权的关照下，伴随着社会功能的日益分化，一个大范围的日常安全机制建立起来，个人暴力的使用也就显得多余，它“不再是必须的，也非有用的，更非可行的”[2]。规范的举止、个人的“自制”取代了国家绝对主义之前的社会产物——恣意妄为和极度冲动，简而言之，伴随着文明化进程，世象的安宁在现代国家里实现了。

习俗改良现象的产生与国家集权自然是分不开的，但人们也有可能将其理解成是政治和平直接的、机械的结果。人们“压抑”自己的侵略冲动，是因为和平安宁有保障，是因为在人际交往中有不断增加的自主性，似乎暴力在此之前仅是一种保护生活的有效工

① 在1755—1785年间，依据“小城堡”的判决，仅在巴黎以及郊区，在所有被定刑的犯罪中，暴力所占的比例为2.4%，杀人罪占3.1%，而偷盗却占到了将近87%。由于以财物为目标的犯罪占到了大多数，依据这点，可将1750—1790年间的巴黎定性为一个具有现代大都市犯罪特性的城市。参见皮埃尔·彼得罗维奇：《法国17世纪—18世纪的犯罪与犯罪特性》，A. Colin出版社，1971年，第208页。而依据皮埃尔·肖努所做的分析，人们得知，在诺曼底国家也同样存在有这种从暴力型犯罪到舞弊型犯罪的变迁。

② 参见诺贝特·埃利亚斯：《西方的动力》，Calmann-LEvy出版社，1975年，第195页。

具，一种意识空泛的手段，因此在安全有了保障之后，人们便“理性地”放弃了暴力。但这种观点遗漏了一点，即暴力自纪元开始时便是整体主义社会组织颁布的一种强制命令、一种挑战和一种荣誉行为，而不具实用性。集体的规则依然凌驾于特定的个人意愿之上，复仇和荣誉依然是至高无上的，在这种情况下，警察制度的发展，监控技术的完善，司法的强化，即便都得到落实，也不过是针对个人暴力的一种有限的手段。如人们从国王颁布的法令中得知，在 17 世纪初期盛行的决斗问题已被正式认定为一种不法的行为，可导致参与决斗者丢官罢爵甚至可耻地死去。尽管有十分刻板、审慎周全、严格认真的司法裁决，但直到 18 世纪初，决斗现象仍未真正地消失，有关决斗的诉讼案件反而比前一个世纪更多。只有同时给人际的经济关系以新的定位、给暴力以新的定义，国家镇压机器的发展才能发挥其保障社会和平的作用。既不能将文明化进程当成是一种抑制，也不能将其当成是对渴望天下太平的一种机械的顺应。需要将文明化进程作为命题来看待，并以之来取代上述从客观的、功能的及功利主义的角度所做的解释，这是因为在个人暴力消亡之际，出现了一种新的社会逻辑以及一种蕴含有全新历史意义的面对面的讨论。

对这种现象做经济上的解释是片面的，因为一切都是客观而机械的，若认为习俗文明化是源于财富的增加、苦难的远去、生活水平的提高，这是有悖于历史事实的，就动用暴力而言，繁荣从来就不是障碍，在上流阶级中更是如此，在他们看来，幸福就是战争，就是嗜血。我们并非有意去否定政治、经济因素的作用，而且这些因素对文明进程的到来无疑起到了决定性的作用，我们想说的是，这些因素的作用如脱离了其所呈现的社会历史意义，那么它们本身

也就变得模糊不清了。合法的暴力垄断或者可量化的生活水平都不能直接解释这种绵延数世纪的行为改良现象。要解释它，就得借用现代国家以及其衍生物——市场，市场以一种聚集的且不可割裂的方式推动了一种新的社会逻辑、一种新型人际关系的出现，并让个人暴力的衰退变得不可逆转。实际上，是现代国家以及市场二者的合力促成了这一伟大的断层，这种断层自此以后将我们与传统社会彻底分割开来，并催生出了一个新型的社会，在这个社会里，人们自视为终极目标，人的存在只为了自己。

现代国家从绝对主义出发，通过现实的和虚拟的集中化，从而贬黜并最终打破了先前人与人之间相互依存的关系，打破了封建社会人对人的依附关系，让人逐渐摆脱传统的束缚，一个自立的、自由的人由此出现了。在这个过程中，现代国家起的作用是决定性的。同样，由于市场经济的扩张以及交换价值观体系的普及，越发关心个人利益并以寻求个人利益为目标的微型化的个体也出现了。[①]伴随着土地买卖，大范围的土地私有制成为社会现实，商品交换、雇佣工、工业化以及人口迁移等颠覆了个人与集体之间的关系，有一个词语可以来概括这种变迁，这就是个人主义。随之而来的，便是对金钱、隐私、福利、财产以及安全的空前关注，传统的社会结构由此注定要被打破。随着集权国家和市场的问世，现代个人也出现了，他孤立地看待自己，沉湎于自己的空间，拒绝服从有悖于自己意愿的祖训，他的存在和自身利益才是他的根

① 有关国家、市场以及个人三者之间的相互关系，参见马塞尔·戈谢：《论人文精神的实践》，伽利玛出版社，1980年，第387—396页；马塞尔·戈谢：《托克维尔，美国和我们》，载《自由》，1980年，第7期，第104—106页；罗桑瓦隆：《空想资本主义》，Seuil出版社，1979年，第113—124页。

本原则。

确切而言，对历史久远的人与社群之间关系的颠覆才是行为温和化的原动力。为了顾及个人利益以及意愿，社会整体利益至上的格局被打破了，将个人与群体维系在一起的社会法则随之也就难以为继了，相对集体的束缚而言，个人是越发独立了，他不再把为族群复仇当作自己神圣的责任，但在几千年间正是这点一直维系着个人与族群之间的联系。国家要清除复仇法则，不仅要依靠法律和公共秩序，尤其还要依靠个人主义进程，正是它慢慢侵蚀了复仇的根基。从 1875 年到 1885 年，法国平均杀人率一直稳定在每 10 万人中有 1 人左右；而在科西嘉岛，杀人率则是这里的 4 倍。这种显著差异同样也出现在意大利北部和南部之间，南部有着非常高的杀人率，因为南方的家庭依然保留着古老的习俗，复仇行为依然是致命的因素，尽管国家有一系列重大的压制措施。

个人主义进程让荣誉法则同样也产生了巨变，个体的人越来越受与物的关系左右，对金钱、安逸及财富的渴望超过了对社会声望和地位的追求，由此荣誉感和侵略习性被弱化，生活变得至上，决不丢脸的命令也变得无力，对于冒犯和侮辱不予回应也不再是羞耻。决斗及血腥的无休止的好战的动机是一种荣誉道德，但它被实用、谨慎的道德代替了，人们都处在一派“事不关己”的氛围中。在传统社会中，他人历来以一副非敌即友的面目出现，而在现代社会里，他人则一般被认为是无名的陌生人，不值得为其冒险。本杰明 · 富兰克林这样写道：“拥有自我，避免极端，不要太在意冒犯，因为这些冒犯从来就不像乍一看那般重要。”荣誉法则让位给“体面的”和平法则，这在历史上是第一次。一种文明出现了，它不再催促人们去接受挑战，他人的看法也不再比自己的切身利益更重要，社会

对人的认可度也不再依据武力、流血、性命、暴力以及挑战。从更广的范围来看，个人主义进程目的便是要缩小人际冲突的范围，因为冲突逻辑离不开至上的整体主义，是它在数千年期间一直将个体与集体置于一种一触即发的矛盾状态之下，并使之逐渐演变成为一种反社会的关系。挑衅他人、嘲弄他人并象征性地打垮他人，这种类型的关系在荣誉法则失宠之后便注定要消失，它被对个人利益和“隐私”的关注所替代了。随着荣誉法则的退出，生命及保护生命便成为首要准则，牺牲不再是一种价值观，战斗也不再光荣，微型化的个体介入争执、打架以及流血冲突的机会也越来越少了，但这并不是因为个体的“自制力”以及纪律性要比祖辈们强，而是因为在一个崇尚长寿、节约、劳动、谨慎以及节制的时代里，暴力已经失去社会意义，它不再是个体用以自我标榜或者博取认同的手段。文明进程并非经济或权力的机械的产物，它的出现与社会全新目标的出现是相一致的，与集体社会和个人主义的决裂是相一致的，也与建立在冷漠基础之上的新型的人际关系是相一致的。

由于个人主义秩序的出现，流血的法则受到冷落，暴力失去了所有的荣耀和合理性，人们也大规模地放弃使用个人暴力来解决争端。文明进程的各种功用就这样清晰地显现出来。托克维尔指出，随着人们转向经营起自己的小圈子，并且只关注自身，他们也就需要国家不断地为自己的生活提供一种更为细致、更为常态化的保护。警察国家的出现不仅是“冷血怪物”蔓延的一个直接结果，它还是孤立、和平的个体们所期盼的一个结果，为的是遏制人的侵略性及放纵的本性。由此看来，文明化进程让国家的特权和力量得到了强化。在一个暴力被鞭挞且同时公众的安全需求也在日渐上升的社会里，名目繁多的刑法、警察权力以及编制

的扩大、对百姓的系统监控等现象的出现都是必然的。现代国家塑造出从社会意义上来说互不相干的个体，而正是这种孤立个体的存在，导致了好斗性的不足以及对暴力的畏惧，反过来这些又成为强化公共力量的基础。个体感觉越自由，也就越需要来自国家机器的细致入微的例行的保护；个体们越是憎恶残暴，国家安全力量的增长便显得愈发不可或缺。鉴于此，习俗上的人道主义化也可以被视作“一个瓦解个体挑战集权的进程”，社会由此被完全置于国家的保护之下。

文明化进程虽离不开现代个人主义，但不应将文明化进程看成是造成等级制解体以及平等盛行的民主革命。我们知道，托克维尔的命题是“条件平等”，他用减少所谓人与人之间天生的差异、建立普天之下的人类大同来阐释习俗改良以及遏制人际暴力的原因。在不平等的岁月里，人类大同的理念并不存在，对同一屋檐下的劣等阶层表示同情和关心是罕见的；反之，依靠在所有人之间建立起一种深层次的认同，利用平等的力量促进成员之间在道义上的平等和均等，这有利于认同他人的痛苦或不幸，有利于遏制暴力和残暴的泛滥，这种解释的长处在于从逻辑和社会历史意义层面上对暴力进行分析，然而反对者却说，在等级制时代，残酷及暴力并不只是在不同阶层的个体之间蔓延，彼此“平等”的人同样也是令人发指的暴力的受害者。[①] 更过分的是，人与人之间越亲密、越同化，仇恨反而会更强烈。在 16、17 世纪，巫术受害者所揭发的人几乎无

① 参见托克维尔：《论美国的民主》，第 2 卷第 1 册，伽利玛出版社，第 171—175 页；参阅 M. 马塞尔 · 戈谢：《托克维尔，美国和我们》，载《自由》，1980 年，第 7 期，第 95—96 页。

一例外都是受害者认识的人，他们或是近邻，或是同阶层的人；决斗、族间复仇也基本上在同类人之间展开。因此，发生在平等的人之间的暴力和残暴并不是微不足道的，这就意味着平等并不是一种将他人视作“同类”的现代结构，应就此加以深究，以便澄清个体举止温和的缘由。举止的文明并未伴随平等一起到来，它与社会微型化的出现是一致的，与重视物质、冷待复仇和荣誉法则的新型价值观的出现是一致的。人与人之间的共情无法解释个人暴力的衰败；对私生活的青睐排挤了整体主义的戒律，个体变得矜持有加，并越来越不屑于别人的感受，在这种情况下，残暴开始让人恐怖，斗殴也被当成野蛮。因此，社会人道主义化不过是对当代特有的非社会化进程的一种表达。

托克维尔将当代举止的温恭和人人“平等”的民主体系联系在了一起，总算触及了问题的核心。在一个民主国度里，每个人都应真心感受他人的不幸，“是陌生人或敌人都无所谓，因为想象很快便能使人各就各位。鉴于不可以貌取人，想象便带着怜悯心来揣测人际方面的事情，并独自承受着这一切”[①]。与卢梭设想的相反，这种“怜悯”并非远去，而是它还没有到来，他认为，怜悯是排斥怜悯的产物，而排斥它的就是个人主义微型化。关注生活，迷恋自我，并不会妨碍和他人的同化，反而会促进同化。总之，需要将现代个体和同化进程放在一起来考虑，不过只有在非社会化让个体抛弃对集体、仪式的迷恋之际，只有在不依照预设的商谈模式而以独立的个体身份来相互交流之际，这种考虑才能有实实在在的意义。反之，整体主义架构要以社会整体现实为优先考虑，这便给主体间

① 参见托克维尔：《论美国的民主》，第2卷第1册，伽利玛出版社，第174页。

的同化的实现造成了障碍。由于人际关系带有无法摆脱的集体主义色彩，故而同化便无法在“我”和一个“他人”之间发生，但却可以在“我”与一个想象的群体或传统模型之间实现。这在以严格的心理上的同化为目的的个人主义社会里是绝无可能的，也可以说，这是某些人想象中的同化，因为在个人主义社会里根本没有人来强迫个体说什么、做什么、相信什么。个体的思维方式是孤立的，他认为活着是为自己，但矛盾的是，他也认可别人的不幸。人们越是作为孤立的人而存在，对他人的苦痛或者悲伤的感受就越深；流血、身体伤害变成了一种让人难以容忍的景象，苦难像是一种荒诞的耸人听闻的错乱，敏感也就成了“封闭个人”（homo clausus）永恒的特征。个人主义由此产生了两种相反但却相辅相成的结果，即冷待他人以及对他人痛苦的敏感，表现为“在民主时代，鲜有人为他人做出牺牲，但人们却对全体人类成员都表现出一种广泛的同情”[①]。

要理解始于18、19世纪交汇点的惩罚人道化进程，就不能忽视这种新的社会逻辑。而且还要将惩罚的转变和一个新的权力机构的来临放在一起加以看待，该机构的使命并不像它在国家形成的初始阶段那样，即通过不人道的酷刑暴力来彰显威严和凛然不可侵犯，而是相反，它用温和的管理以及社会感化，用持续、克制、规范的方式进行有针对性的管理，这些都是深得人心之举。[②]但如果没有现代社会的产物，即个人主义革命所引发的对他人立场的深度动摇，惩罚改革也将是绝无可能的。18世纪下半叶，针对残酷体

① 参见托克维尔：《论美国的民主》，第2卷第1册，伽利玛出版社，第174页。
② 见福柯：《监督与惩罚》，伽利玛出版社，1975年。

罚的抗议几乎随处可见，这些体罚在社会上开始被视作不合理、野蛮。个人主义世界及其孕育出来的对他人特别的认同感构成了剪灭合法的残暴行径相应的社会背景。由此，历来被认为想当然的事情变得可憎起来。要警惕全能政治，甚至是微观战略布局上的全能政治，因为刑罚的人道化如果无法与新型的由个人主义进程塑造出来的人与人之间的关系实现最大程度的吻合，这种人道化将无法获得合理性，也无法以这样的逻辑长期发展。人们无须再次重复孰优孰劣的问题，同时，国家和社会也在全力夯实减轻责罚的原则。

和睦的升级

在西方社会处于个性化进程绝对支配之下时，文明化进程又会如何呢？尽管威胁和暴力层出不穷，但消费和交流仍继续着由国家和个人主义逻辑所开创的事业。犯罪率统计也就是从这意义出发的，尽管它并不完善；在中长期内，杀人率仍将相对的稳定，甚至在杀人率异常高升的美国，在 1930 年，这个比率不过每 10 万人有 9 人被杀，到了 1974 年才突破到 9.3 人。在法国，官方公布的 1876—1880 年期间（不包括未被确认或者不明的“黑数字”）的杀人率为 0.7 人，在 1972 年为 0.8 人；在 1900—1910 年期间，巴黎的伤害致死率为 3.4 人；而在 1963—1966 年期间则为 1.1 人。消费时代倡导的是举止和睦，尤其要减少争吵和动拳脚，在塞纳省和北部省，在 1875—1885 年期间，因斗殴和伤害而被判刑的分别达到每 10 万人 63 起和 110 起；到了 1975 年，则分别为 38 起和 56 起。自工业化世纪起一直到近来，巴黎和其他省份一样，争吵在工

人阶层里是司空见惯的事，这是荣誉感倾向性强的阶层，他们迷信暴力。甚至是妇女，如果路易斯 · 舍瓦里埃（L. Chevalier）[①]以及瓦里（Valès）和左拉（Zola）关于女性们的趣事和描述可信的话，那么，她们也是会毫不犹豫地用漫骂或动手来解决她们的争执。如今暴力现象从城市景象中大范围地消失了，暴力在如今的社会里变成了一种甚于死亡的禁忌。民众阶层放弃了传统的对暴力的美化，在行为上采用了一种冷漠的态度，这便是我们社会"资产阶级化"的真正的意义所在。纪律教育和个人自立都无法真正实现的东西，但个性化逻辑却可以实现，它通过促进交流和消费，通过推崇身体、平衡和健康，破除对英雄的膜拜，让害怕不再被视作耻辱，简而言之，通过建立新型的生活以及新型的价值观以全面完善个体的个人主义化，让公共生活退居其次，让人们不再为别人的利益操心。

越发关心自己，个体们却心安理得，这并非出于伦理，而是出于个人主义的超级自为，在鼓噪福利和自我完善的社会里，个体们明显都很在意保养自己、自我评估，他们沉湎于旅游、音乐以及表达身体对抗情形的运动。人们对暴力行为普遍怀有一种深层次的厌恶，这是信息化的享乐主义在社会现实中膨胀的结果，那里充斥着的是汽车、媒体和消遣娱乐。这便是消费和信息的时代，它导致了类似酗酒的咖啡礼仪的没落，正如阿利埃斯（Ariès）[②]所言，咖啡馆作为一个新型的男性交际场合，从 19 世纪一直延续到 20 世纪中

---

① 参见路易斯 · 舍瓦里埃：《蒙马特尔的犯罪与娱乐》，Laffont 出版社，1980 年。

② 菲利浦 · 阿利埃斯（Philippe Ariès，1914—1984）：法国中世纪史、社会史名家，以对儿童史、家庭史和死亡观念史的研究享誉于世。——译注

期，但同时它也是宣泄暴力的一个好场所，在20世纪初，有一半的违法行为都是源自斗殴和伤害，且起因都是亢奋滋事。通过传媒和消费品将个体们分散开来，通过消费方式的发展让人不再眷顾咖啡（尤其是法国），个性化进程温和地摧毁了造成暴力犯罪高发的诸多男性交际规则。

而与此同时，由于消费社会进一步完善了人际关系的中性化，导致了冷对命运、冷对他人评判的风气蔓延开来。个体放弃暴力不仅因为出现一些新型的个人财富和目标，还因为他人被空泛化了，成了无足轻重的"跑龙套的角色"[①]，他人就是一个住在自家附近的人，是住同一层楼的邻居或是一位同事。这是缩水了的人际关系，其中只有对个人主义或自恋主义的超级关注，成因便是暴力冲动的衰退。在一种冷漠的新型的他人出现的同时，人际关系也在被不断地加以改造并最终形成了交流的和心理的价值观。这便是自恋社会中人际关系的悖论，也即对于他人的关心和兴趣越来越少，然而对交流的欲望却越来越强烈，不要咄咄逼人，但要理解他人。心情舒畅与冷待他人如今是齐头并进的，在这种情况下，暴力又怎能不消退呢？

人际心理上的暴力也不可避免地衰退了，言辞上的暴力同样也受到来自自恋主义的冲击。一些带有社会意义的谩骂和18世纪

① 确切说来，冷漠并非人际暴力频发的罪魁祸首，也就是说，在家庭内部或者在亲朋之间，暴力的发生最为频繁。如美国，在1970年前后，有四分之一的杀人案件是家庭型的；英国在20世纪60年代末期，有超过46%的杀人案件是家庭类型的谋杀或者是与亲朋有关联；1975年，美国家庭暴力的受害者总数（死亡、殴打和伤害）约为800万人（占总人口的4%）。详情参见让-克洛德·谢奈（J.-C. Chesnais）：《暴力史》，Laffont出版社，载《合刊》集萃，1981年，第100—107页。血亲之间的暴力根源在于我们自恋的社会秩序，是它缩窄并强化了私人的交际范围。在这种情况下，一旦那些我们最亲密的人、那些我们每天都在为之付出的人成了抛弃我们或者欺骗我们的人，那么暴力的第一指向便是他们。

的一些脏话（无赖、脏猪、饿死鬼、垃圾）依旧常见，但内容却让位给了一些更具“个人特征的”且常与性有关的辱骂。朝某人脸上吐唾沫或者在路过时吐口水等侮辱性的现象消失了，因为这与讲究卫生的冷漠社会是格格不入的。寻常方式的辱骂变得司空见惯了，但它失去了刺激性的内涵，也不再有侮辱他人的故意，而是一种没有动武意图的莫名的冲动，正是由此，这类辱骂很少有引发肢体冲突的结果。一个驾车人对另一个冒失鬼司机的斥骂，丝毫没有污损的意思，而这个被骂的人也完全没觉得有什么。在一个自恋时代，言语上的暴力也空泛化了，它甚至不再有人际的意义内涵，它变得冷冰冰的，既无目标也无意义，它是冲动、神经质、非社会化的暴力。

个性化进程是产生这种普遍的和睦态势的一种机制；儿童、妇女以及动物不再像 19 世纪以及 20 世纪上半叶那样是暴力的传统目标。后现代的诱惑所推崇的对话、参与以及倾听主观诉求等得到了系统的提升，这成为行为端正的根源，它在纲纪森严时代得到了继续甚而得到了强化，然而森严纲纪却被教育体系抛弃了。在父母不再自视为子女们的学习榜样之际，以相互沟通和人际关系心理化为基础的教育模式才能得以推行，体罚由此才能得以绝迹。个性化进程淡化了一切权威者的形象，削弱了专制、冷酷、窒息天赋的“榜样”原则，最终让教育理念产生了改变，自恋的非实体化让小家庭感到无可奈何，感到教育权被剥夺、被舍弃。昨天还有着育人和灌输规范等积极意义的体罚，如今却是让父母感到羞愧的与子女沟通的失败，是对失去权威而感到沮丧的一种无法控制的歇斯底里。

妇女运动如火如荼，反响热烈。随着男性暴力大范围地减少，

男性气概不再等同于孔武有力，女性不再等同于逆来顺受，在这样一个“性别模糊”的时代，暴力已经失去了效用。自古以来便有按性别划分来界定行为的法则，男性暴力承载并体现着这一法则，但由于对男性和女性已经没有了严格的定义，没有了明确的界定，男权至上的模式便遭到了各方的唾弃，因此，这种法则在个性化进程的大潮下也就没有了市场，靠肌肉发达确立权威的原则让位给了对自主支配、心灵对话以及无拘无束的生活的憧憬。在法国仍然存在着强奸问题，1978 年有 1600 起强奸案件（每 10 万人中有 3 起），但实际数量大概接近 8000 起，而在美国，则有超过 6 万起强奸案，这创造了一项新的犯罪率纪录，即每 10 万人有 29 起。在大部分的发达国家，强奸案数量也在日益增长。然而，人们无法确定这种增长是性侵犯真的增加了，还是被强奸妇女更有勇气站出来揭发的缘故，如在瑞典，强奸案数量在四分之一世纪里翻了一番还多，而在美国，强奸案数量从 1957 年到 1978 年增加了四倍。但从一个世纪的跨度来看，结果则与此相反，性暴力出现了显著下降，如法国的强奸案数量是 1870 年的五分之一。[①] 尽管性暴力只是相对泛滥，但冷漠的个性化进程仍旧在继续着，以便让男性的行为变得更规矩，强奸案的回潮和减少同时出现在数量极为有限的人群中，一则因为这些强奸犯来自少数有色人种和弱势文化人群（在美国，有近一半的被捕者为黑人），再则这其中有三分之一的强奸犯是惯犯，至少在法国是如此。

最终，连对待动物的态度也被纳入到文明化的进程中。依据

---

① 参见让-克洛德·谢奈：《暴力史》，载《合刊》集萃，Laffont 出版社，1981 年，第 181—188 页。

1850年和1898年颁布的法律，从理论上讲，可以对虐待动物的行为进行追究，但这些法律只是一些僵化的字眼，事实上，这种类型的残暴并没有受到异口同声的谴责。在19世纪的屠宰场，虐杀是极为平常的事情，看动物挣扎是工人们钟爱的一个娱乐节目，如“将火鸡放在烧得通红的铁板上看其跳舞，人们把关在笼子里而头却露在外的鸽子当靶子，朝其扔石块”[①]等。但共生一个世界让我们放弃了这种刺激，如今虐待牲畜已广为人所不齿，捕猎、袭扰、饲养环境恶劣甚至连一些科学实验都受到了来自各方的抗议。从前自发形成的以折磨动物为乐的游戏，如今的孩子们从来没有玩过，这说明，人道化在孩子们身上体现得最为显著。当代的个人主义不再拘泥于对他者机械的认同，而后现代的个人主义特征便是扩大了认同的范围，即不再仅局限于对人的认同。有必要结合个体的心理化来看待这种复合式的认同，随着个体的个性化，原本泾渭分明的人与动物的界限也变得模糊起来，动物所承受的一切苦痛，人类也感同身受，个体由此变得脆弱、惊诧和恐惧起来，并逐渐难以容忍动物所遭受的苦痛。自恋让个体变得柔弱且多愁善感，变得对外部世界更加敏感。不过，习俗的人道化与一个同样自成体系的冷漠是相伴随出现的，在夏季大移居时抛弃动物的浪潮便证明了这点。因此，也可以将这种人道化理解为面对痛苦时表现出来的一种新的脆弱和新的无奈。

这种史无前例的社会纯洁化集中体现在1976年，当时有95%的法国人认为自己在上个月没有遭受到什么暴力。更为突出的是，被调查者们表示，在上个月，家庭中没有任何成员（87%）也没有

① 参见席奥多·泽尔丁:《法国情感史》，第五卷，Recherches出版社，1979年，第180页。

任何与自己有来往的人（86%）受到某种形式的袭扰。新型暴力犯罪的出现以及在周末舞会和体育场内零星的斗殴现象烘托出这样的结果：人与人之间的肢体冲突越来越少，它已经成为一种让人心伤的犯罪行为。尽管如此，但还有三分之二的人认为，如今的暴力行为要比不久前或世纪之初更普遍。人所共知的是，在所有发达国家里，不安全感正在滋长，在法国，80%的人口明显感到暴力发生率在上升，73%的人承认害怕夜间步行回家，有一半的人害怕在夜里驾车走小路。在欧洲，在美国，打击犯罪一直是公众第一关注的问题。鉴于犯罪行为和实际情况相脱节，那么，是否可以将这种不安全感看作一种幻觉，一种借助媒体推波助澜的权力策略，即在危机以及意识形态解体时期，为了实现对社会的控制而故意散布虚假意识的策略。不过，这种“意识”是如何以及怎样被导入社会的呢？这与公民社会的巨变以及随后发生的对暴力态度上的转变并无什么瓜葛。事实上，不安全感的增强与各类犯罪行为无甚牵连，与毒化运动也没有关系。现实中的不安全感并非一种意识形态，它是不安、弱势的个体夸大一切风险的结果，他为自己的问题所困扰，对压制体系感到恼火，认为这体制是无效的或是“过于”宽松的，他习惯于被保护，且曾受过不明暴力的伤害，由此看来，日常的不安全感的实质是对后现代的非实体化感到焦虑的一种表达。自恋主义的出现与一种惯常的恐惧感是分不开的，它必要依托一个极度危险的外部世界才得以形成，而这危险的外界反过来又加重了个人主义的倾向，如戒备、冷待他人、自我封闭等；在大城市中，有相当数量的居民晚上闭门不出，仰仗防盗门来获得庇护，只有6%的巴黎人在夜间听到呼救声时会出门干涉。

令人奇怪的是，由于暴力在文明社会中的衰减，对暴力的呈现

反而愈发激烈了。如在电影院、剧场以及文学作品中，暴力情景竞相呈现，其中的恐怖和恣意妄为场景层出不穷，为塑造出逼真的让人不堪的暴力，“艺术”从未如此近距离专注于展现暴力的来龙去脉，如骨头碎裂、血滴喷溅、哀号、斩首、断肢、阉割等。与此同时，伴随冷漠社会而来的还有赤裸裸的色情，映入眼帘的一种细致入微的使人瞠目的性暴力场景。这种为迎合性虐狂而出现的色情让人无法理解，也更为我们温和的社会所不齿；这类的呈现一发不可收拾，形成争先恐后的局面，因此需要对之多加关注；赤裸裸的色情既无法归因于冲动，也无法补偿遗憾，它不过是对后现代暴力内在本质的一种描述；由于不再有任何的道德法则约束，人们便可勇往直前、不畏曲折、坚持到底、精益求精，这种对暴力的高度写实主义，却只以晕眩和稍纵即逝的感受为目的。

在各领域中都有可能存在着色情进程，如性（色情、儿童卖淫低龄化，在纽约市，有大约 12000 名年龄在 16 岁以下的男孩儿和女孩儿成了猎艳者的玩物）、信息（让人着迷的“直白”）、毒品（不菲的花费和剂量）、音响（高分贝）、“时尚”（朋克、光头党、皮革热）、音乐（摇滚）、体育（兴奋剂、过度训练、空手道运动热、女性健美运动以及肌肉崇拜）；情色并不是一种偶然的时尚，情色是冷漠秩序、非稳定化以及自恋非实体化的产物，一如衬托对立面的幽默效应，从逻辑上而言，这二者是一脉同源。由于重要的参照体系的消失，人们在行为和表征上虽然激进，却是空洞无物。这正好对应了超级个人主义的空虚，日常行为习惯和表达中都流露出这种极端的空虚取向。随处可见这一极端主义进程在发挥作用，这是一个意义横飞的时代，话题沉重的内容处在风雨飘摇中，人们看到的是一个追求特效、纯粹表演、竞相争宠、空虚泛滥的时代。

自杀和犯罪：赤裸裸的犯罪

随着个性化社会的来临，暴力场景也不能一成不变。自18、19世纪以来很长一段时间内，在所有西方国家里，尽管侵财的犯罪（偷盗、入室行窃）以及欺诈罪（诈骗）一直多于侵犯人身的犯罪，但恶性犯罪仍然层出不穷。在此有必要谈谈一个全新的社会现象，在1963—1976年期间的法国，持械抢劫案件上升了35倍；在1967—1976年期间，暴力盗窃案件上升了5倍多，持械抢劫案上升20多倍。诚然，自1975年以来，这类犯罪似乎达到一个平衡点，并且只从数字上已看不出有什么惊人的增长。总之，城市暴力的一个主要特征便是武装袭击。

个性化进程虽然极大软化了习俗，但反过来也加剧底层人的犯罪，助长了疯狂的行为，怂恿了暴力的使用并使之达到了极致。个人主义的解放，以及由日渐贫穷和生活需求所导致的现实生活的不稳定化，加剧了这类涉及利益的暴力行为，但需要明确的是这类现象也是有局限性的，也即仅有少数人与这些侵犯有关。例如：在美国联邦首都，有7%的被捕罪犯在四年半的时间内曾四度入狱，人们推断这7%的人应该对这四年半时间内24%的严重恶性案件负责。

从前，黑帮总是和卖淫、诈骗、军火和毒品贩卖有关，而如今，人们看到的是阵发性或者“非职业性”的犯罪。也就是说，暴力犯罪的作案者常不为警察机构所熟悉，并且与“环境”也没有任何的瓜葛。暴力犯罪在突破了通常的底线之后还会变本加厉，它失去了严格的界限，波及了青少年人群。在法国，每百名被指控犯有重罪的人中，就有18人是未成年人，有24%的持械抢劫和暴力盗窃罪

犯不足 20 岁；1979 年，美国有 57% 的盗窃犯不足 25 岁，五分之一的盗窃犯不足 18 岁。青少年犯罪不仅数量上有所增加，而且暴力化程度也在增加。个性化进程普及了对青春的崇拜，在让成年人心平气和之余，也让年轻人变得冷酷无情，超级个人主义的逻辑让年轻人倾向于尽早、尽快实现自己的独立，实现精神上、物质上的独立，即便使用暴力也在所不惜。

赤裸裸的世界是稚嫩的，首先波及的是失去文化根基的人、少数种族人、移民者以及出身移民家庭的年轻人。个人主义模式倡导活得精彩与惬意，受此影响，以温顺为特点的“殖民地”居民便不再低三下四，他的身份认同体系被瓦解，他在暴力中迷失自我。由此看来，消费秩序极大地裂解了传统的结构与特性，这是殖民种族主义秩序无法做到的。个性化进程摧毁了个性，在花园边，绽放的是平和与自恋；在院子旁，勃发的是暴力与疯狂。享乐主义社会与一个变了味的荣誉和复仇的社会相互交织在一起，并在无意中制造出一个暴躁易怒的复合体。在肤色和文化上受到排斥的年轻人的暴力是一种综合性的产物，它源自传统的抑制与个性化的解放之间发生的碰撞，源自少数族群聚集区、失业、游手好闲、敌视的或种族主义的冷漠等日常现实与建立在个人主义欲念之上的体制之间的碰撞。冷漠逻辑以各种方式继续发挥着已绵延数世纪的排斥和贬逐功能，但不再是通过剥削，不再是通过强加西方规范来进行异化，而是通过暴力。

1975 年，外国人只占法国人口的 8%，但他们却制造出 26% 的暴力盗窃案、23% 的殴斗和伤害案、20% 的杀人案、27% 的强奸案以及 26% 的非法持械罪。1980 年，在马赛，有 32% 的斗殴和伤害罪以及 50% 的暴力盗窃案都是外国年轻人所为，其中最多的

是马格里布人。不过，出生于移民家庭的青年人，由于本人具有法国国籍，因而并没有出现在这些统计数据中，但却肯定被计入法国犯罪率统计数据中，这样一来，在各个混居群体中，移民及其子女群体的暴力行为占比自然是最为醒目的，但他们实际所占的比例，则不是一个肆意怀疑、逮捕和宣判“外国人”的警察局或司法部门独家就能说清楚的。在美国，暴力是屡见不鲜的，每 27 秒便有一起暴力行径，人们普遍认为，黑人在暴力犯罪中有着不寻常的表现，他们既是侵犯者也是受害者。事实上，大部分的暴力行为是发生在同肤色的人之间。例如：发生在黑人之间的暴力行为要多于黑人和白人之间的暴力行为。24—34 岁的黑人中，被杀成为死亡的第一原因，而在同年龄段的白人中，交通事故是死亡的第一原因。黑人遭杀戮的危险要比白人高六倍。例如：在 1978 年，每 10 万黑人中被杀的人数达到 78.1 人，而白人只有 12.2 人，而且约有一半的凶手是黑人。暴力与文明化进程是背道而驰的，如今的暴力逐渐成为边缘群体的专利，成为“少数族群”的问题，但不能将有色人种的暴力看作一种古老的习俗，或是某种形式的反叛；暴力是后现代的社会裂变以及不稳定化扩大的极端表现，它表明非社会化和犬儒主义达到极致，暴力的发生与原则、规约以及自控的土崩瓦解有关，它是对冷漠秩序最直白的反应。

匪帮的混乱或蜕变表现在犯罪的“质量”上。职业流氓组织结构严密，精于算计损益比例并注意保留不在场证据，而时下的一些新型犯罪则常是心血来潮之作，缺乏对于环境、背景、警报装置的了解，大多是一些罪行极端严重却只为蝇头小利之举。仅一天便有五六起持械抢劫，而每次只有微不足道的斩获，风险与受益、目的和极端的手段之间不成比例，这就是这种犯罪的特征，它没有策

划、没有志向，更没有想象力。旨在增加个人责任感的个性化进程，实际上却助长了这类反常、难以理喻的，甚至是藐视现实规则的行径。① 在盛行的自恋主义及其衍生物的支配下，依照怂恿的逻辑，现实蜕变成虚幻的景致，成为没有景深的展览橱窗。现实的结果便是人们远离了伟大的社会目标，不再追求卓越。新自恋主义是一种浮躁的个性，它既无章法也无意志，多变和易感性是其主要特征。由此可见，绝望、没有规划、没有理由、赤裸裸的暴力，呈现出的是一幅没有未来的市井图，它所推崇的只是“立刻拥有一切”；暴力与冷酷、自恋的秩序并不矛盾，它是对二者的一种激烈的表达，一样的冷漠，一样的非实体化，一样的不稳定化，个人主义的发展便是“职业”和抱负的没落。同样，冷血的发展也是自我控制的没落，当年轻的美国黑手党成员四下乱窜之时，“不声张的规矩”也被悄然打破了，由此出现一种非常后现代的混合物：沉着冷静的年轻持械抢劫者。与非实体化相伴而来的是颓废和不稳定，这种情形随处可见。现代暴力和往日残酷的世界不可同日而语，神经质成了现代暴力的主要特性，这不仅表现在持械抢劫者身上，也表现在廉租房区域内的罪犯身上，这些都是受居心叵测的人煽动的躁狂型的疯子，在警察队伍中也是如此，近年来由“失误”所导致的层出不穷的令人不安的事件也证实了这点。

---

① 有形的冷漠同样也体现在“故意破坏公共财产的行为”当中，这是人们难以理喻的一种盛怒，人们或将其理解为一种卑劣的诉求，或将其理解为一种象征性的抗议。“故意破坏公共财产的行为”表明，这种新型的冷漠在针对社会制度以及价值观的同时，也在针对着事物。在愈演愈烈的消费体系中，理想黯然失色了，它没有了先前的伟大，同样，抱负也完全失去了原有的“神圣性”，破坏公共财产的堕落者们其目的是要打消人们对事物的尊崇，使其冷对现实，冷对自此以后不再有意义的现实。在这，赤裸裸的暴力延续着冷酷的秩序，而冷酷的秩序则孕育着暴力。

无事生非型的犯罪肯定也不鲜见。之前也有为一些鸡毛蒜皮的小事而犯下卑劣罪行的人，19 世纪末期，就有劫道的犯罪，将迷途的民众殴打一顿或者将其丢入城堡的地沟中。[①] 这些暴力与月黑风高、偷偷摸摸、见不得人的犯罪有着必然的联系。不过这种联系正在解体，如今类似的犯罪在大白天的闹市区明目张胆地上演着，它不在乎被人知晓，也不顾忌时间和地点，似乎是为了凑我们一览无余的色情时代的热闹。和普遍的不稳定化一样，暴力也脱离了现实原则，风险及谨慎的标准变得模糊了，这加速了这类在手段上无所不用其极的犯罪的蔓延。

暴力犯罪并非这赤裸裸的世界唯一的一面。较少耸人听闻也非轰动性独家新闻的自杀现象，构成这赤裸裸世界的另一面，或可以说这是内心化的一面，但它却受到与暴力同样的逻辑和升级规律的支配。或许，涌动的自杀大潮并不是后现代性的特征，但实际上，整个 19 世纪，欧洲的自杀率一直在不断地攀升。自 1826 年至 1899 年，法国自杀人数上升了 5 倍，自杀比例从每 10 万人 5.6 人上升到 23 人；第一次世界大战前夕，自杀率达到了 26.2 人。涂尔干（Durkheim）对此所做的精确分析表明，因为当时的个人主义者感到空前的失落，所以自杀形势变得愈发严重。自杀在原始或蒙昧社会里曾是整体主义的荣誉法则所规定的一种强烈的社会同化行为，但在个人主义社会则变成了一种“自私的”举动，自杀迅速蔓延的态势在涂尔干看来只是一种病理、暂时的但真实的现象，[②] 但

---

① 参见路易斯·舍瓦里埃：《蒙马特尔的犯罪与娱乐》，Laffont 出版社，1980年，第196页。

② 参见涂尔干：《自杀论》，P. U. F.出版社，第413—424页。

这并不是现代社会的本质造成的，它是现代社会的本质赖以形成的各种特定条件的产物。

自杀率曲线的变化在某个阶段证实了涂尔干的“乐观主义”观点，毕竟 20 世纪初极高的自杀率在 1926—1930 年期间下降到 19.2 人，在 60 年代又降至 15.4 人。依据这些数据，人们自然就会认为现代社会是“平静的”和平衡的社会。[1] 不过，事实并非如此，人们注意到自 1977 年起，法国的自杀率在快速攀升，几乎达到了 20 世纪初以及二次世界大战期间的水平。除了自杀态势恶化之外，自杀未遂的数量也在增加，这一切都迫使人们去重新思考当今自杀现象的社会基因问题。尽管自杀死亡率有所下降，但企图自杀率却在明显升高，所有发达国家均普遍存在此类现象。人们估计每 5—9 例的企图自杀者中就有一例能自杀成功，在瑞典，每年有 2000 人自杀，但却有 20000 人企图自杀；在美国，每年有 25000 例自杀，另有 20 万人自杀未遂。1980 年，法国有 10500 人自杀身亡，约有 10 万人自杀未遂。19 世纪企图自杀者的数量和如今的数量不能相提并论，这点值得思考：一是因为彼时自毙方式是“高效”的，即采用自缢、溺亡和火器等手段，这三种自杀工具一直到 1960 年都是自杀者的首选工具；二是因为当时的医疗体系难以救助自杀者；最后便是自杀人口中老年人的比例相当高，这些人在面对死亡时态度最为坚决、最为果断。企图自杀人数空前，尽管自杀身亡的数量在下降，但自杀蔓延的势头并未结束。后现代社会强调的是个人主义，并用自恋的逻辑来改造追随者，这加剧了自我毁灭的势头，尽管这毁灭的强度有所弱化。这说明，和专制的时代相比，自恋时代

① 参见艾曼纽·托德：《疯子和无产者》，Laffont 出版社，1979 年。

更能诱发自杀。自杀并非由个人主义社会开创的先河，自杀所呈现出来的上升势头是长期积累的结果。

企图自杀与自杀身亡的相关性在减弱，这不仅因为医疗急救技术的提高，也与毒药和药品被用作主要的自杀手段有关。对自杀行为（包括企图自杀）进行全面了解后便知，毒药、药品以及煤气这三者是首选的自杀手段，几乎有五分之一的自杀者曾用过这些手段。和人际交往一样，自杀也变得柔和起来，表现在要少流血和少痛苦，但自我摧毁的暴力并未消失，它就是这些不张扬的自杀手段。人们或许可以说，自杀助长了冷漠的秩序。

企图自杀的增加还因为自杀人口的年轻化，自杀犹如是恶性犯罪或赤裸裸的暴力，因此与年轻人有着极大的关联性。个性化进程培育出了一种越来越难以应对现实考验的个性，脆弱和懦弱盛行，而这基本上都发生在年轻人身上，因为他们是最迷茫的、最缺乏社会根基的人。专制的、一成不变的教育制度框架，让个人主义自我摧毁的功能在年轻人身上有着相对多的保留，他们直接承受着自恋的非实体化，他们完美呈现着个人非稳定的、分裂的以及受社会排斥的特征，这是由于过度保护和孤寂造成的，他们就这样沦为了潜在的自杀者。在美国，15—24岁的年轻人的自杀率是按照十年翻番、二十年翻三番的速率在递增着。在从前自杀频率最高的季节里，自杀率一直在逐渐降低，但在年轻群体中，自杀率却在不停地增加着，如在美国，自杀已成为年轻人死亡的第二大原因，位列汽车事故之后。与自我毁灭在日本极为恐怖的攀升势头相比，我们的这一切或许只是个开始；另一个耸人听闻的事实是5—14岁的儿童也在大量自杀，自杀儿童数量从1965年的56人上升到1975年的100人，再到1980年的265人。

巴比妥类药物的使用以及众多的自杀未遂案例表明，自杀已经步入“大众化”的年代，步入普及化和便捷化时代，自杀犹如颓废和疲倦一般常见。自杀依附于一种不确定的进程，其中生的欲望与死的欲望相互交织，此起彼伏，飘忽不定，几乎时刻萦绕心头。很多的自杀者学习药剂知识并希望借助药品来自行了断；自杀不再是极端的行为，在个人的和社会的界定标准钝化之际，在现实本身被空洞化并失去了实质之际，在现实被看作规划好的曲目之际，此时的自杀也就变得梦幻起来。这种忽然而至的自杀念头只是新自恋主义自我摧毁以及意志虚无化的一个方面。由于自恋主义甚嚣尘上，因此自杀更多源自一种自发的消沉，一种短暂的颓废不振，而非确切的对生存的绝望。令人奇怪的是，自杀可以在没有死的欲望下发生，这有点像发生在邻里之间的犯罪，杀人并非出于杀死对方的目的，而是为了摆脱噪声的污染。后现代的自杀，没有了死亡的欲念，就像持械抢劫者在慌乱中乱开枪一样；人们尝试去终结自己的生命，或许为的是一句不愉快的话，这和在电影院中为争座位而杀人是一个道理。由此，自杀是一种没有斟酌、没有确切意图的暴力，一种在瞬间走向极端的暴力，这是个性化进程冷漠逻辑与赤裸裸暴力之间的因果律。

个人主义和革命

个人主义进程缓和了人际冲突，但结果却出现另一种全新的挑战，其影响力更为强大，这便是社会与国家的冲突。实际上，在人与人的关系“人道化”之际，革命的计划和行动也在进行中，公开

的有意识的阶级冲突，旨在将历史一分为二，将国家机器废除。解放和文明进程是同步进行的。在整体主义社会里，人类的暴力为的是维护整体存在的声誉；传统的骚乱和反叛尽管有血腥的特征，但并不追求摧毁整个社会架构。但在个人主义社会里则与之相反，社会的根基、法律和权力的实质成了公众瞩目的焦点，成了个人和阶级讨伐的对象。现代阶段的社会暴力开始了，它成为推动历史发展的因素，成为国家和社会变革与改良的工具。大众暴力成了维持当代社会运转和发展的一项实用的必需的制度，阶级斗争尤其有利于资本主义克服危机、消除消费和生产之间逐渐产生的失衡。

在社会经济组织中以及在价值观中，个人主义社会将阶级与其产物割裂开来，革命完全像是一种制度化了的永恒的阶级斗争，革命现象由此也就变得无法理解。在整体主义社会或者等级制社会里，在这类体制中，某些特定的人对于社会整体而言是无足轻重的，他们的自主存在没有获得认同，因为社会秩序建立在神的基础上，人是神的秩序的组分，因此彼时才能避免革命行动。为了让革命成为一种历史的可能，人应当被微型化，应当打破人类传统的团结，人与物的关系应当要高于人与人之间的关系。最终，主张自然法、主张个人平等和个人意识形态自由占据了优势地位。阶级斗争和革命的前提是要有个人主义社会意识形态的空间，这个空间本身不再有枉顾人们意愿的组织，而此前阻止使用暴力来撼动秩序的至高无上的集体原则失去了原本毋庸置疑的地位，国家和社会根本无法避免人们的变革行动。个人不再是实现外部目标的一种手段，而是被认为或者自认为是终极目标，社会制度失去了神圣的光晕，不可违反的超验性和朴素的他律，受到了来自社会及意识形态秩序的长期侵蚀，该秩序并非植根于神，而是发

端于自立的个体本身。[①]

建立一个个体平等而且自由的均质社会，离不开一种为了社会架构而公开进行的暴力冲突。个人主义初级阶段的出现是出于意识形态这一关键角色的需要，意识形态在取代宗教裁决的同时，也保留了绝对的、情绪化的特征。由此，这个初级阶段是一个革命的、血腥的社会斗争时期。个人主义社会从神的桎梏下解放出来，但人们不但没因此而赢得完全的自主，反而还在一些冲突中成为对立面。当然，冲突经常是由利益引起的，但参与冲突的善恶二元论者所依据的却是一些围绕个人权利的新“价值观”。因此，个人主义的英雄主义阶段基本上被看成是围绕着价值观而展开的广泛政治化的动员阶段，而不是严格局限于对个人事务审慎的关注。意识形态上的畸形发展以及对抗是个人主义民主时代不可避免的产物。今天看来，这个阶段与整体主义时代、与至上的社会整体依然保留着千丝万缕的联系，这表明，个人主义原则中所蕴含的社会无序这一因素受到了无处不在的、硬性的规约的制衡，这是一种近似纪律的规约，目的在于中性化个人特性的发展，在于让个体参与到政治事务中来，即便造成阶级和价值观的冲突也在所不惜。

在个人主义时代，挑战国家的全面暴力在社会上渐成气候，但是国家报复性的暴力一点也不比其逊色，现代政府采用了如“恐怖时代”[②]一类的回应方式，政府大规模地诉诸暴力，它不仅针对反对者，而且还针对制度的拥护者。暴力推翻社会政治秩序需要一些

---

① 参见马塞尔·戈谢：《托克维尔，美国和我们》，载《自由》，1980年，第7期，第111—114页；马塞尔·戈谢：《论现代社会的自由》绪论，载《合刊》集萃，Laffont出版社，1980年，第30—38页。

② 恐怖时代：法国大革命1793年5月至1794年7月这一阶段。——译注

理由，但这也是权力机构对社会进行前所未有的挑战的理由，至上的个体们在构建新的意识形态之际，“恐怖时代”来临了，如大屠杀、放逐等，这一切都是假借人民的意愿或者无产阶级的解放来进行的，权力只有依据民主的及个人主义的社会表述才能开展“恐怖时代”，尽管事实上它是以暴力来恢复集体主义的尊宠地位，使其摆脱颓势。革命意志无法用客观的阶级矛盾来解释，同理，仅从环境需要来解释“恐怖时代”也是白费力气，这是因为国家也会根据民主理念标榜自己和社会是同一的、均质的。但事实上，它却可以藐视一切平等，可以进行无节制的系统的压制，而无论对立方有罪与否。[①] 个人主义民主革命长期奋斗的目标是要减少国家力量的露骨显示，要施行一种关爱、温和、保护性的权力，它并不排斥某种特定形式的血腥力量的出现，人们可以将这种力量阐释成为被现代秩序所诟病的一种全面而醒目的专权的复活，解释成一个在传统的暴政与非人格化的民主管理权力之间的折中。

个人主义曾作为社会斗争的因素，对消除阶级斗争意识起到了作用。如今，个人主义革命的伟大阶段结束了。在西方发达国家里，革命年代已经结束了，阶级斗争已成为惯例，其中也不再蕴含有历史的断裂，革命党也完全没落了，与暴力对抗相比，谈判处处占据着上风。由个性化进程带来的第二次个人主义“革命”，结果便是大众开始冷对“共和”，特别是冷对政治意识形态，也即在过度的意识形态之后，便是对意识体系的不屑。由于自恋主义的出现，意识形态领域及其善恶二元论也倒向了冷漠，所有全称性及排他性的

① 参见勒弗尔：《一个多余的人》，Seuil出版社，1976年，第50—54页；参见伯纳德·曼宁（Bernard Manin）：《耶稣基督，恐怖的逻辑》，载《自由》，1979年，第6期。

对抗都不再反对人们拥有一个极为宽容、不确定的个性形式，僵化的纪律性的意识形态已不再适应这冷淡的人道化和非稳定化。和平进程已为整个集体所接受，社会冲突的文明化在延续着，并与人际关系的文明化交融在一起。

大革命带来的极度惊悚反证了以 1968 年五月学潮为代表的这一类社会冲突的温和化。要革命还是要随遇而安？要阶级斗争还是要盛装节日？是文明危机还是嘈杂喧闹？就行动与否开展讨论是富有意义的。此后，革命便失去了坐标，并变成一件难以决断的事。“五月风暴”是抗争和革命进程的延续，它采用了设置路障、与军警暴力对抗、总罢工等形式，但该运动并没有任何完整的社会、政治目标。“五月风暴”是一次没有历史抱负的革命，一场没有死亡的“冷”起义，一次没有“革命”的革命，它既是一种交流的运动，也是一种社会对抗。在“五月风暴”的日子里，除了轰轰烈烈的夜间暴力，并没有再现就意识形态进行激烈争夺的现代革命模式，这意味着后现代的交流革命出现了。“五月风暴”的新颖之处在于它有着令人吃惊的文雅，如开展讨论，墙面标语，报纸、张贴、传单满天飞等，就这样，交流在马路上、在阶梯教室里、在社区内、在工厂里开展起来，而这些通常都是革命缺位的地方。无疑，所有的革命都引发了热烈的讨论，但在 1968 年的学运中，这种热议却没有意识形态上的实质内容。实际上，问题已不再是为了获取权力，不再是为了揪出叛徒，不再是要区分善恶，而是要通过自由表达来实现沟通、进行辩论、“改变生活”，要将个人从日常万千束缚所形成的压抑中、从超市的劳作中、从大学的电教室中解放出来。倡导言论自由的“五月风暴”受到了一种自由的但同时也是政治、趣味的意识形态的激发，它是阶级斗争和欲念、政治批判和诗歌般的乌托邦等一系列东西的混合物，它是一种张弛运动，

一种不标准的理论与实践相结合的运动，它与个性化进程遥相呼应。“五月风暴”是一种个性化的革命，是对国家强权的反抗，它反对官僚主义的限制和隔离，只因个人的自由抒发及发展受到控制。革命秩序本身也人道化了，它重视的是主观愿望、存在和生命。由此，“花哨”、多维的革命取代了血腥的革命，这是从集体利益高于个人利益的政治、社会革命时代，走向自恋、冷漠、非意识形态化时代的必由之路。

“五月风暴”抛弃了非善即恶的意识形态，运动中的暴力像是游戏一般，这和现实中的恐怖主义完全相反，恐怖主义本质上依然倾向于严酷的革命模式，核心是阶级斗争以及激进的先锋派意识形态手段，这就注定它要与冷漠、松懈的民众无缘。虽然恐怖主义有意识形态上的局限性，但它却以一种令人费解的悖论与当代的逻辑融合在了一起，从而显得义正词严，在过度膨胀的革命以及自我封闭的小团体的作用下，谋杀、“控诉”和暴动完全脱离了实际，变得空洞无物。极端主义进程考虑的是自己，恐怖主义则是一种流氓暴力，意识形态机器虽然开足了马力，却已经失去了全部的根基。在非实体化占领了历史意识领域之后，剩下的便是赤裸裸的暴力，对空洞的最高主义纲领的歌颂，苍白无力的威胁，以及风干了的意识形态的骨架。

“五月风暴”有两面性，就其对大革命的渴望而言，它是现代性的，就其对欲望和交流的憧憬而言，它是后现代性的。同时，就其不可预见性的或野蛮性的特征而言，它是社会暴力的未来模式。随着阶级对抗常态化，冲突爆发此起彼伏，犹如横空出世或遁世，出现和消失同样迅如闪电。如今，社会暴力常显现出共性的东西，即不再完全围绕着有组织的无产阶级来进行阶级斗争，20 世纪 60

年代暴力的主角是大学生，而今天则是失业者、无房者、黑人和牙买加人，暴力由此也被边缘化了。近来，在伦敦、布里斯托尔、利物浦、布里斯顿发生的骚乱勾勒出了新型暴力的轮廓，无论对抗如何激进，也只是作为暴力的非意识形态化的一种补充。如果说 60 年代极端自由主义的反叛依然是“空想的”，依然承载着价值观，那么当今时代让贫民窟百姓兴奋不已的暴力则摆脱了一切历史的窠臼。从这点看，这些暴力行为与自恋主义进程是一致的，这是无所事事、失业、社会空虚导致的纯粹的反叛。个性化进程利用意识形态领域的瓦解和个性，催生出了冷酷的暴力，如新型的犯罪和毒品，这是一种绝望的、看不到未来的暴力，所以它更为冷酷。社会暴力冲突的演化和毒品演化如出一辙，在 60 年代的以反文化和叛逆为标志的虚幻之旅之后，便是普遍化的毒物癖时代。这是没有梦想、意志消沉的时代，沉迷于嗑药、指甲油、煤油、胶水、溶剂和生漆的人呈现愈发年轻化的趋势。在反叛和滥用药物之后，只剩下袭击警察或巴基斯坦人、焚毁街道和建筑物、洗劫商铺等选择。阶级的暴力让位给了底层年轻人的暴力，其摧毁的是自己的街区；激昂的贫民区似乎加速了后现代的空虚，似乎要用怒火来终结由冷漠的个性化进程以各种另类手段所带来的孤独。最终，暴力失去了社会地位，步入了兼容并蓄的周期中，这与自恋主义时代是契合的。由此，暴力的非实体化也达到了令人叹绝的顶点，它没有了规划，也没有了幻想，剩下的只有那赤裸裸的、不抱幻想的暴力。

L'ÈRE DU VIDE

后记

坦率地说，在 20 世纪 70—80 年代相交之际即将完成的各种分析表明，西方社会里的个人主义逻辑出现了一种历史性的断层，主体的自立性得到了迅猛发展，刚刚过去的十年基本证实了这些现象。无论在公共生活领域还是在私人生活领域，我们所见证的事件全面揭示了个人主义逻辑在扩大化，这种个人主义逻辑被称为“后现代”，当然其中也不乏戏谑的成分。后现代意识不认可精神性、道德性以及传统的回归，色彩纷呈的后现代个体受到了空前的瞩目。

为了避免重蹈“太阳底下没有新鲜事”以及“今非昔比”的覆辙，我们采用一个基本、概念上、历史的标记。简单来说，所谓的个人主义新局面或者“个人主义第二次革命”，它竭力要表达的是：在民主社会发展过程中由消费和交流的革命所造成的历史的断裂。一些新价值观成形了，它们体现在言论中，体现在生活模式上，体现在对公共和私人制度的态度上。纪律和斗争的、享乐和道德的个人主义被一种“可选择的”、享乐的和心理的个人主义所替代了，主要目的从存在变成了个人的自我实现。社会宏伟蓝图被混淆了，社会认同感和强制性规范遭到了侵蚀。在家庭、宗教、性、体育、时尚以及对政治和工会的依附性等方面，人们是我行我素。第二次个人主义革命，即是将自主管理的自由理念在日常生活中加以具体化的革命，这也是以前的价值观及制度所要极力开创的局面。新自

由主义历史性的断层，也即在所有社会层面，在所有年龄段和性别之间，都普遍产生了对主体自立的渴望。一种后现代的个人主义就这样出现了，它没有了集体意识的制约，在性、家庭、教育等方面也不再有清规戒律。

我们今天处在何处？人所皆知，盛行在 20 世纪六七十年代的“冷漠的”、解放的文化大潮已不再是我们这个时代的特征。责任感取代了节日般的乌托邦和管理，不过这仍有待商榷，似乎只有通过竞争和伦理，通过职业上的成功和明智的改造，人们才能彻底了解自己。资本主义已经成了众矢之的，如今人们也只谈论着对它的改造。对劳动的“变态反应”散布开来，人们对自己的行业和职业变得越来越投入，有近四成的法国雇员认为劳动是个人表达和充分发展的一种手段。道德被当作假仁假义和资产阶级的“伪良知”，至少在法国是如此，伦理主题受到了企业、政治和媒体的青睐，摇滚歌星们为“地球上苦难的人”放声高歌，电视在大谈特谈帮扶、救济类的内容，传统显得“古色古香”并变得赏心悦目。人们常说“不许禁止”，但健康规范却越发限制了人们的行为，堕胎权也处处受到威胁。人生既要享乐，也要有“安全的性行为”，要宗教静修，也要颂扬忠诚和贞洁。我们处在一个双轨制的社会，在这个仅以个体与效率为参照的开放社会里，文化的转向迅速、深刻且宏大，这为我们所见证，当然，一切也似乎应该如此。

以不加分析的眼光来看，文化基调完全变了，如提倡个人主义和自由发展等，这是由于在现实生活中盛行着对享乐主义的向往。这难道是要回归家庭？但离婚、同居、非婚生儿童却层出不穷。

约翰·保罗二世[①]虽然赢得了胜利，但在法国，却有一半虔诚的天主教徒对保罗二世就避孕套和堕胎药所持的立场表示了反对；1990年，有60％的人表示，教会不应对性生活干预过多，有超过三分之二的人赞成婚前性行为。很明显，虽然美国最高法院否决了堕胎权，但却有60％多的人对此项修正案抱以敌视的态度。尽管有少数宗派主义分子在叫嚣，但自己身体自己做主的权利依然如故，人们尤为关注的是避孕、人工授精以及堕胎，甚至在爱尔兰，反堕胎的提案也被批驳得体无完肤；在大不列颠、荷兰以及一些斯堪的纳维亚国家将很快批准使用堕胎药；在法国，连人工授精的费用今后都将由社保来承担，使用堕胎药RU486的费用也将由国家来支付。

对禁欲的溢美、反淫秽运动，并不意味着清戒的道德主义复活。当然，对此仍要区别对待，不仅要区别对待不同的国家，还要区别对待暴虐的少数人和沉默的大多数。由此人们会发现，在发达的民主国家里，年轻人、妇女和老年人的性自由得到了广泛的认同，“性爱”的说法让性不再是一件罪恶的事情，甚至连艾滋病也不能成为排斥同性恋行为的十足理由。在大众情欲消费的时代，色情并没有受到理应受到的攻讦，个人的色情消费没有招致强烈的抗议，但在公共场合不加“限制”、侵犯性的色情传播仍要被口诛笔伐，因为这被认为对孩子们有害。最近发生在美国的一些淫秽诉讼案件一律裁决为不予追究；印第安纳波利斯[②]的反色情法令先是被联邦法院，后再被最高法院裁决为违宪。宽容或者反道德的行动明显达到了目的，极端德行主义被当代主流文化边缘化了，因而也不

① 约翰·保罗二世（1920—2005）：罗马教皇。——译注
② 印第安纳波利斯：美国印第安纳州首府。——译注

再有什么意义。新个人主义时代是“正当的”，其特征不再是无条件地压抑欲念，而是随机进行调节，调节不合时宜的规范，如触碰妇女和儿童保护底线的规范。个人自由主义并没有被埋葬，如今它依旧时不时地以道德说教的口吻来推销“责任感”。在“咄咄逼人的”个人主义之后便是“温和的”个人主义，它对欲望的诅咒置若罔闻，但对“洁净的”公共空间却表现出关注。

在竞争的民主社会里，性骚扰和“强硬的”女权主义问题，引起人们对于“性别之战”的重视。但时代的基本特征却表现在个人主义对“性别认同”的非稳定化上。女性越发关注运动和学习，在她们眼中，职业生活的重要性越来越明显。而同时，男性也愈发关注自己的“线条”，他们不再厌恶照看孩子和从事家务劳动，父亲们的想法也变得“情感化”“母性化”。但统计学表明，对于职业生涯，不同性别对它的期望值和参照度依然存在着显著差异，而对于孩子、运动、服装和美的看法，男性和女性历来都有着不同的理解和不同程度的关注。所有涉及男性、女性的事看起来几乎都非常自然，若一个性别的各种属性为另一个性别所青睐，也不会受到真正的谴责。尽管有“回归有序”的主张，但性别的错乱、身份的非稳定化以及花样翻新的外表等依然如故，鉴于没有预设的共同的章法可循，自我重塑因此变得冷漠且不可避免、务实且普遍。除了极端女权主义，还有那迁移、自立的个人主义世界也在扩张着，一种摆脱了强制性社会范式、“混合的”人大量涌现，这表明，在我们民主社会的深处并不存在“性别之战”，只不过有一些要求自我实现、自立和尊严等个人主义的权利在迅猛发展。生活不受异性侵犯这类的主体权利获胜了，生活相对来说就拥有了更多自恋的隐私，一种新文化就这样降临了。在该文化里，性别之间的关系准则本身也变

得不确定、变得有疑义了，其中的两性关系明显是此消彼长的，而不再是相互吸引的。

对于享乐主义文化的隐退不必急于下结论，也不必急于依靠“野心勃勃的”动机和职业意识的力量来对它进行阐释。对娱乐和物质财富的渴望，对音乐的激情、体育娱乐、身体保健等都得到跨越式的发展，自爱、追求肉欲新鲜感、生活品质得到了各方的垂青。“无羁绊的享乐”的终结并不意味着对禁欲的平反，而意味着一种正常、有章法、健康、理性的享乐主义在扩大，审慎、“恰当”且隐约有些伤感的享乐主义取代了放纵的享乐主义，各类新型的技术、软医学、健康饮食、放松疗法、护理产品、休闲运动、健身运动、禁烟运动、“轻”产品和“生物”产品等应运而生。一切表明，通过主体的自为和自我塑造的努力，自恋以一种前所未有的姿态再现了。

后现代的个人主义逻辑并不意味着每个人都必须成为一个事业和健康无忧的、考虑周全的消费者。整体的景象并不美妙，与社会边缘化程度日益加深一样，无数传统的“自控”形式的瓦解速度也在日益加快，新自由主义策略和自恋享乐主义文化一样，突出的是“我”，强调的是即刻满足愿望，由此民主社会出现了“二元对立”现象，标准化越多，反弹就越多，自我健康监控越多，毒物“滥用”也就越多，批判暴力越多，贫民区犯罪也就越多，舒适安逸越多，无家可归者、非婚生儿童、无父家庭也就越多。这种现象有两个原因：一是个人享乐主义促使人们不停地自控、自修和自省；二是劳动和勤奋的意识弱化了，这加速了传统社会制约机制（如家庭、学校、教堂、工会和习俗等）的崩溃，导致了社会生活的解体和犯罪。和两面神（Janus）一样，自恋也有两副面孔，即固有的

一面和多变的一面，对大多数人来说自恋是负责任的，但对少数新型的贫穷者而言，自恋则是“无目的”的、作奸犯科的、没有未来的、不负责任的。自恋制造出“现今”的生活（家庭的超负债，勤俭的没落，投资、投机盛行，财务欺诈和危机感），并在未来民主社会的建设上引发了一系列戏剧性的问题。

不得不承认，后现代社会并非只是一味地迁就、宽容。匪夷所思的是，完整主义、正统观念以及传统宗教如今也在大范围地复活，对此人们怎能视而不见？厅堂的火焰中映射出“基督最后的要求”，在某些伊斯兰教、天主教、犹太教地区，继左派极端主义、“虔诚派”最高主义纲领之后，出现针对堕胎术诊所的袭击，出现传授犹太极端正统教的学校。作为对个人主义价值观的制衡，完整主义新宗教拒绝因循传统，转而推崇对于法律的绝对服从。否定主体自由以及冷漠行为易招致广泛的指责，一旦背负上这种指责，那必然是“反个人主义”。在这个意义上，合理的自由价值观在当代的存在要比其崩塌更有价值。在宗教领域，盛行的个人自立运动和在其他领域一样，侵蚀了对于教义的信仰，让信仰和宗教实践不断地衰落，虽然犹太法典教育以及洗礼依旧如火如荼，但也只有15%的自称是犹太教徒的法国人能够严格“身体力行”这类教义。目前，坚持在周日做礼拜的已不足总人口的10%，这种慢待宗教的现象在蔓延着，只有四分之一的年轻信徒认为，完整的人还应包括宗教信仰。

让人感到疑惑不解的是，这种让人不明所以的复苏，是宗教在既定时期内以某种形式卷土重来还是少数人的前卫之举？还是正统宗教教理的势力在上升？两者都不是。我们既不会痴迷于均质无害的民主体制，也不会陶醉于神秘狂热的社会状态。这里展现出来

的是后现代社会的一种新状态，从标准选择、信仰以及生活方式来看，可谓一切皆有可能。在这种超选择的社会里，怎么会没有绝不妥协的宗教以及严格的传统主义的立足之地呢？大众的社会理念是有所退却了，因为在生活方式的货架上又新增了宗教极端主义这样的一个新选择。

愈演愈烈的主体自立打破了一切禁忌，因此回归一切也将是可行的。传统虽岌岌可危，但在一些不赞同绝对化和同化的团体中，传统还是得到保留。任何事物都无法阻挡这类与多数派们共生的、“倔强到骨子里的”少数派的行为，多数派是多样化的、杂交的，他们各有各的爱好和信仰，他们完全是开放的、包容的，他们只是带着怀疑、好奇和害怕的神情注视着让人眼花缭乱的纯洁主义文化的表演，一种把人置于次要地位的文化。绝大多数人是从蛮横的宗教禁锢中挣脱出来的，对这些人而言，信仰成了一种越来越难以捉摸、越来越微妙的由“我”来确定的东西，它类似于东方的“禅”，它是一种类宗教、秘传的“新时代”文化。一面是夹带少许自恋的诸说混合，一面是极端教理主义，但有意思的是，双方之间却是“井水不犯河水”，因而各种激烈的运动都像是在“自娱自乐”，它们无法蔓延扩大，也无法推动整个社会。

极右势力在法国的崛起是不是正常现象呢？这个现象完全有悖于新个人主义宽容的和人道的形象，而且它的崛起也正值教育、时尚、性、政治与宗教信仰等自由价值观蓬勃发展之际，对这些价值观而言，极右势力崛起无疑就是噩耗。该现象还与生活方式的私有化运动紧密相关，也与对世俗、斗争和进步的合理性的侵蚀紧密相关。对现时私生活的推崇，助长了对政治阶层的抛弃，助长了种族主义言论无罪化。纳粹对犹太人的大屠杀，是抵御种族主义威胁

的重大命题，但它成了过去，相当一部分人对此视而不见。一旦庞大的政治组织及其意识形态体系失去了根基，历史上的种族主义噩梦便就要在这冷漠中降临。

交流和享乐主义的时代纵容了健忘，纵容了对现实的“吹毛求疵”，以前的事情都不再重要了，重要的是现在，也就是眼前的日常生活、外国人的威胁以及马格里布人的犯罪等。伟大的意识形态宏图以及一些政党没落了，这导致法国、德国、欧洲极右势力的猖獗；每个阶层的人都在用抗议、频频失望以及不安且艰难的邻里关系等话语来标榜自己，而没有采用以前的种族优越性以及摧毁多元民主社会等主张。没有出现任何形式的对于“整体主义”的怀念，即便这是有“自我”混杂其中的整体主义。与“人人为自己”的理念相比，与个人主义所期盼的来自管理者的保护及理解相比，民族主义意识只是次要的，甚至是无所谓的。但无论如何，民主社会自此手头又多了一个新的选择。作为对后现代的空虚以及不安全感的一种表达，公开排外现象完全能够在小范围内延续下去。但这种威胁对民主秩序而言是不足惧的，最直接的、最有可能的威胁不过是影响到选票，这成了如今笼罩在地区、民族心头的一个新的情感因素、一份沉重的不安。

个人主义的宽容、利益和自由一直都为人所称颂。一半的大学生认为当兵即意味着要失去独立的决断力，而在欧洲，选举则遇到了空前的弃票率。法国的非工会化则像是一部灾难片，国家罢工协调会全面取代了工会联合总会，社会冲突由此被细分化了，它变成了捍卫个别利益的行会冲突。民族认同这一主题虽然取得了一点

反响，但发生在极敏感环境下的莱茵河事件[①]也只是佐证了人们对消费和福利的极度渴望。这让人不得不怀疑民族主义情感已受到了侵蚀，因为已经没有任何关于历史的集体规划可以真正打动人民，即便在欧洲也是如此。人们如今关注的是培训和文凭，寻求的是职业成就感以及个人的全面发展，要求一个清洁的环境，而不再是什么历史抱负。追求洒脱、放松和趣味的新自恋主义，唯一趋向的是“心理上的”实现，这并不是在迎合时代的要求，而是新自恋主义以全新的方式与道德、劳动、家庭保持一致，以便达到彼此包容、再现，从而避免自废武功。

个性化社会运动不等于没有良知的私有化，它和社团生活、经济意指、大众义务以及慈善活动等紧密相连。普遍化的排外活动和拜金主义并不是当代意识的全部，它还包括人权的共见，包括盛行的慈善活动，包括在交流中、在生物医学研究中、在环境上、在企业中对伦理的重视。人们越是强调自由生活的主体权利，价值观及责任感的重要性也就越突出，自恋随之也就要发展相匹配的范围、秩序和责任感。个人主义的崛起与对新伦理的期待二者之间并没有矛盾。这点是毋庸置疑的，显然这种新伦理是一种“既无约束也无惩罚”的无痛的伦理观，它满足了受到普遍认同的至上的“自我”的需求。因此，电视慈善虽然没能激发出让人揪心的责任感，但却毫不费力地、精确地勾勒出了一种情感伦理。因此，家庭文化虽暂时得以好转，但却不能遏制离婚的大量出现；因此，民族意识虽然重新抬头，但却没有了对公而忘私的民族主义的推崇；因此，劳动

① 莱茵河事件：指20世纪中期以来莱茵河水体遭到的一系列严重污染的事件。20世纪中叶以来，随着工业的高速发展，莱茵河曾一度成了欧洲最大的下水道。——译注

被尊崇为实现自我的一种手段；因此，环保意识虽得以传播，但自我理念却没有被抛弃，但目的也不过是为了追求更高品质的生活、更高品质的消费及其他。对克己奉公的精神，人们已没有了兴致，但对自我、财富和健康的热情却高涨起来。由此可见，心境离不开缥缈的愉悦感，价值观离不开利益，善良离不开用心参与，对未来的关注离不开对现实的迫切要求。不管伦理关怀的发展态势如何，奉献文化是消亡了，我们不再承认“活着为别人”对自己的约束，我们活着是为了我们自己。很显然，极端自恋主义和完全享乐主义也出现了，但现行的文化转向并不意味着个人主义在发展过程中出现了根本性的分歧，甚至连责任感或慈善也可伺机加以选择。自恋就是自恋，它是“向心型时代”的象征，第二次个人主义革命浪潮只是刚刚开始。

1993 年

著作权合同登记号：06-2021年第288号

图书在版编目（CIP）数据

空虚时代 / (法) 吉尔·利波维茨基著 ; 倪复生译
. -- 沈阳 : 万卷出版公司, 2022.3
ISBN 978-7-5470-5907-4

Ⅰ. ①空… Ⅱ. ①吉… ②倪… Ⅲ. ①后现代主义 - 研究 Ⅳ. ①B089

中国版本图书馆CIP数据核字(2021)第260635号

出版发行：北方联合出版传媒（集团）股份有限公司
万卷出版公司
（地址：沈阳市和平区十一纬路25号　邮编：110003）
印 刷 者：北京永顺兴望印刷厂
经 销 者：全国新华书店
幅面尺寸：145mm × 210mm
字　　数：200千字
印　　张：8
出版时间：2022年3月第1版
印刷时间：2022年3月第1次印刷
责任编辑：高　爽
责任校对：高　辉
装帧设计：卷帙设计 QQ: 2649686699
ISBN 978-7-5470-5907-4
定　　价：48.00元
联系电话：024-23284090
传　　真：024-23284448

合作媒体

上架建议：畅销/哲学

如手边有书
可随时阅读

酷威文化
KUWEI
荣誉出品

ISBN 978-7-5470-5907-4

9 787547 059074 >

定价：48.00元